100年人生規劃曆

TO OPEN UP
YOUR LIFE'S POSSIBILITIES

大住力／著

串連過去、現在與未來的「人生百年曆」

我之所以決定寫本書，是為了幫助更多人，能夠從現在開始，更具體看出自己在這僅此一次人生中真正的「可運用時間」，並進一步將人生改變成理想中的模樣。

你是否曾經有過以下的想法呢？

不知道自己到底該做些什麼。
最近生活總是處處不順。
不清楚自己有什麼嗜好。
很想逃離工作與人際關係。
找不到自己真正想做的事。
每當被問起「夢想與目標」時，心中一片茫然。
感受不到生活的意義。

不知道自己究竟是為什麼而活？

對於未來的不安與憂心時不時閃過腦海……不知不覺間回過神來，已經深陷在對未來束手無策的困境裡頭，這，就是我們目前身處的世界。

但反過來說，也正因為我們對現況懷抱著不滿，體內的靈魂之火才會熊熊燃燒，試圖掙脫、尋求改變。對於這些渴望成為更好的自己，正在努力追求進一步成長，或是有心準備這麼做的人，如果能夠有更具體的方法，幫助他們探究及體悟「從現在起該怎麼度過人生」，也許就能夠更堅定地踏出第一步，這也是我提筆寫下這本書的初衷。

「該怎麼度過人生？」

這個問題可能太過抽象難以想像，我換個方式問大家。

你現在幾歲呢？

如果今天是你人生的最後一天，你是否覺得此生無憾？

我們如今生活的時代，正經歷全球性大規模的傳染病及環境破壞，沒有人能夠預料到自己的生命將遇到什麼變化。過去大家認為的「理所當然」已轟然瓦解。即便現階段的平均壽命是八十五歲，但也有很大的可能，我們無法活到這個歲數。

人類在沒有預警的情況下與死亡帶來的恐懼直面對決，想必也有許多人會在心中自我安慰，認為「不會這麼剛好發生在我身上」。可是無論你我，沒有人能夠預測這輩子最後一天是在五十年後、七十年後，還是近在明日。

既然如此，假如今天就是人生的最後一天了，我希望自己能坦然說出：

我想去的地方都去過了。
想見的人也都見過了。
腦海中浮現的好點子，我都實際去執行並獲得了成果。
我盡情歡笑過，也享受每一刻的人生。
我細細品味過那些至今難以忘懷的重要時刻。
我體驗過好多讓自己躍躍欲試的事。
想看的事物全都看過了。
想要克服、解決的問題都完成了。

確實向心愛之人傳達了自己的感情。
人生沒有什麼遺憾。
心中沒有一絲後悔。
這輩子想做的事我都做完了。

我們該怎麼做，才能夠在生命的最後一刻斷言，我們已經隨心所欲、盡情活過僅此一次的人生？如果想要達到這個目標，從此刻起，我們能夠做什麼？在生命的盡頭來臨前，我們要怎麼運用時間，燃燒心中的熱情，用什麼樣的姿態面對生命？

希望每位翻閱此書的人，都能將這本書視為一幅尋覓答案的航海圖。

不要拘泥在過去與未來，活在「此時此地」

目前我除了協助各企業的人才培育及演講、顧問等工作外，同時經營一間公益法人公司，為罹患罕病的孩童和他們的家人提供幫助。

在此之前約二十年的時間，我任職於營運東京迪士尼樂園及東京迪士尼海洋的Oriental Land公司，負責從事人才教育、執行東京迪士尼海洋與IKSPIRIA等大型成立計畫案及管理工作。上班之外的時間，我在公司內部創立華特迪士尼研究會與相關社團，跟許許多多的人一起共事。

在我目前為止的人生中，對我個人思想影響最大的根源，同時也是支撐本書理論的主軸，都是來自於迪士尼電影，以及創立樂園的華特迪士尼先生的人生經歷、觀點、思考模式和執行力。

雖然不是每一個人都喜歡迪士尼樂園或迪士尼電影，但是華特迪士尼先生終身貫徹的「將想像具象化」思考模式，其實對我們的生活相當有幫助。其中我最重視的，就是他時刻提倡的「此時此地（Now and Here）」精神。

別管過去與未來，活在「此時此地」。

身在這個混亂的世界，對未來充滿迷惘的時代，無論從事什麼工作，對將來有什麼展望，我希望大家都能以這個理念作為思維的核心。

多數人在現實生活中，每天過著被往事束縛、對未來不安、被待辦事項追著跑的日子。在這種情況下，想要不迷失於「當下」，成為一個對生活充滿信心的人，著實困難。該怎麼做才能幫助大家轉換成「此時此地」的視角，興起改變人生的行動革命？

有一種工具能夠百分之百解答我經常思索的這個問題，那就是本書中提到的「人生百年曆」。現在我在協助教育訓練或Mission Work的研討會上都是採用這個做法。

很多人應該是第一次聽到「人生百年曆」這個詞。如同字面意思，百年曆就是能夠一次瀏覽從自己出生到百歲之間，總共一百個年分的年曆。

本書會附上從1930到2129年的年曆海報。這份附錄年曆應該足以含括幾乎所有正在閱讀本書的讀者從出生到滿百歲的時間。（※年曆為生於1930～2029年間的人，自出生年到滿一百歲的總年分。）

從你的出生日開始算起，只要是在1930年後發生過各種事件的「日子」，一定都能在附錄年曆上找到日期。雖然沒有人能預知未來的走向，但不管何時會出現的「重要之日」，甚至自己的「離世之日」，都必然存在於這份年曆裡的某一處。

雖然很多人避諱提及、思考關於死亡這件事，但大多數人都會在一百年內離開這個世界，這也是無可否認的事實。我們不能夠，也無法逃避面對死亡。

請使用本書的年曆，透過一筆一筆的記錄，具體看見自己從零歲出生那年到一百歲為止，總共歷時一百年的「時光」。將原本肉眼不可見的人生歲月具體化，打造屬於自己的「人生百年曆」。

接下來我會將使用百年曆的過程分成十二個步驟，向大家提出可以串連起過去、現在、未來的問題，以及思考這些問題的視角。當你得出了答案後，就用筆在「人生百年曆」上做重點標記、文字記錄或貼上便條紙，這麼做能幫助你的視野越來越清晰。

藉由百年曆，讓截至目前為止的過去、尚未降臨的未來都變得更加具體，協助我們正視在有限的人生裡所擁有的「可運用時間」，並決定「現在我該怎麼做」的實際行動。

只要願意從此時此刻、今天或明天開始改變做法，並持之以恆，那麼身在「此時此地」的自己就能獲得蛻變，展翅飛向理想中的目的地。

從名為「人生」的故事中找到生命意義

本書會帶你回顧至今為止的人生經歷，引導你分析從現在起要如何面對生活，以及應該對未來採取的行動計畫。

回顧往事不是要寫「個人傳記」。我知道有許多人會為自己整理個人傳記作為終老的準備，我並不反對這個做法，只不過這並非本書的目的。

「回顧過去」能幫你找出藏在過往中，獨屬於你的人生故事。

現實中的我們每天忙碌奔波，眼前充斥日新月異的便利科技和新知識，生活日復一日、馬不停蹄。學生時期，老師總會殷切叮嚀「複習的重要性」，但實際上，絕大多數的人從來都沒有好好複習……

人生同樣是如此。明知道重新檢視、思考已經發生的事，藉此找出不同的觀點有多重要，但現實中的我們，卻總是忙到無暇去顧及這件事。

遇到事情的當下，我們通常不了解它的本質或背後的含意，只會順著情緒反應出當下的感受。如果在事過境遷後的現在，重新回頭探討過去發生的事，會有什麼不同嗎？很多時候，只有從「現在」的角度去看，才能夠透徹看出「當時」的事件所代表的意義，從中得到領悟。換句話說，當年的我們並不曉得事情發生的用意，也不曉得隱藏在其中的價值。

這些，都是處於「此時此刻」的我們才能看透的。

不管是受到嚴厲的斥責、得到善意的對待、遇到不甘心的懊悔……各種「緣分際遇」都會對我們的人生產生影響。以前曾經全心投入的事、深受感動的事、流下悔恨淚水的事，通通會化為如今的精神糧食，塑造出名為「你」的個體，這就是我們現在所擁有的財產。

本書希望大家能夠利用「人生百年曆」來回顧過往，是為了從過去的經歷中找出你的人生故事，並藉此覺察、發現生命的真正意義。從以前的人生故事裡，我們還能深切體會到一件事，那就是自己的無力與不成熟。

我們往往自認謙虛，事實上，很多人內心深處都認為「我是靠自己成就一切」、「我的想法沒有錯」。在強烈的虛榮與自尊心作祟下，不知不覺套上一身堅硬的盔甲。說來慚愧，但我個人就是屬於這種類型。

雖然在這段剖析昔日歲月，坦承或理解過往的過程中，或多或少伴隨著疼痛感，但我們卻也能夠清楚感受到曾經受過的幫助，或是重新認識那個手足無措、青澀的自己。

回顧往事時，請不要陷入對自己有利的想法，或是過於負面的情緒之中，將重點放在看清自己的所在之處、心中真實的想法、邁向未來的正確立足點，以及你真正的實力。

從隱藏的故事中找到人生方向

為了實現「夢想」或「目標」，其中一個方法是提筆將它們化為文字，或是大聲地說出來。不過本書不是用這種做法，而是如同前面所言，從自己的人生故事中慢慢挖掘出面貌。

Story behind the Story.

這句是華特迪士尼的名言，意思是「別只看表面的故事，要去尋找並仔細體會藏在表面下，另一個看不見卻又貫穿整體的真實故事背景」。

用書寫或言語的方式宣示「我想達成某個目標」，通常只是基於一時的感性與願望，也就是所謂「表面故事」。

舉例來說，如果你現在聽到去年喜歡的歌曲，會有什麼感覺？或許已經不像去年一樣著迷了。人的情感與想法每天都會發生變化，即便只經過短短一年，也有可能變得非常不同。有時我們也會依靠直覺做出判斷，「我不適合這份工作」、「我跟那個人不合」……這種依照個人好惡做出的決定毫無根據，只不過是當時的心情而已。

自己真正想做的事是什麼，為什麼要追求這個夢想，為什麼渴望這些事物……我們出乎意料地不了解自己。

人生是這樣的，事前煩惱再多都沒有用，還是要勇於嘗試一次才知道結果。因此，當我們重新回顧一件曾經做過的事，就能反推回去背後「隱藏的故事」，在這個重新深入探究的過程中，找到如何度過未來人生的重大線索。

使用「人生百年曆」的過程，即是將腦中的想法具體化，轉換成實際的行動計畫。

最重要的是，透過百年曆可以幫助自己專注於人生真正可運用的時間，從過往經歷裡發現自己曾經獲得的收穫、領悟、用什麼方式活到現在，透過檢視自己的人生故事，為自己安排更有價值的往後時光。不要欺騙自己或是替自己找藉口，學習面對自己真正的模樣，愛惜並喜歡自己。

如同前面所提，本書融入大量華特迪士尼的思維與觀點。**每一個章節裡都有穿插許多他說過的「名言」**，請將此作為規劃未來的金句。

我們都還在人生的旅途上。沒錯，就是「此時此刻」。

無論你現在幾歲，這個事實都不會受到撼動。現在還不是坐等終點來臨的時候，不管身處什麼社會，正值什麼年齡，都要用「現在進行式」的態度面對人生。生命的大好機會隨時都有可能降臨，我們永遠不曉得下一刻會發生什麼事，成為改變生活的契機。

走吧！從此時此地，踏出往前邁進的一步。

大住力

Get in.
Not choose
but get in.
Be part of it and
then move up.

—

投入吧！
別猶豫不決，先投身其中。
成為其中的一部分，然後更上一層樓。

100年人生規劃曆
帶你活出自己想要的生命亮度

—

目次

START

序言

百年曆JOURNEY 啟程之前

百年曆JOURNEY，即刻啟程！

Step 6 改變人生走向的際遇與邂逅 125

Step 7 從過去的快樂，連結到未來的喜悅 141

Step 8 將時間與金錢，投資到「理想未來」之中 157

即刻就能夠改變未來

202

1930～2129年 特製百年曆

※隨書附贈「人生百年曆」全開海報&單頁電子檔（於第207頁填寫問卷後下載）

百年曆 JOURNEY 啟程之前

Happiness is a state of mind. It's just according to the way you look at things.

幸福取決於想法，
一切端看你如何看待事物。

準備好必要工具，輕鬆自在開始吧！

本書會透過各式各樣的「提問」，幫助你從過去的生命經歷中，找到「此時此地」的你，前往未來旅途上該做的準備。

當然也可以單純閱讀內容就好，不過，假如你願意把這些問題的答案寫在本書附錄的百年曆或內文旁的空白處，將有助於讓人生的輪廓更加清晰地浮現在眼前。

可以的話，請先準備好幾樣基本的工具吧！

必要工具

- **便利貼（選擇自己喜歡的顏色或形狀）**
- **方便書寫的原子筆、麥克筆、螢光筆**

你可以在本書的每一頁盡情寫下筆記。請如實記錄自己的想法，不必在意美觀或完整度。

我建議使用「便利貼」來做筆記，方便隨時添加突然冒出的想法，也可以隨意更改位置或合併筆記內容。在使用百年曆的過程中需要寫下許多文字，請選擇適合書寫的款式，或是搭配各種不同形狀或顏色的便利貼。

筆的話，挑選自己喜歡、手感好寫的就好。如果怕寫錯，也可以選擇擦擦筆或鉛筆。從頭到尾使用單一顏色的筆也很好，喜歡的話也可以用不同顏色及粗細的筆來享受點綴人生的樂趣。

雖然不一定要用，但是我也建議準備一些喜歡的貼紙。舉凡生日、紀念日、快樂與感動的回憶、造成人生驟變的轉捩點、懊悔的過去、無法釋懷的事情……這些都是名為「人生」的故事裡所發生的重要事件，也可以貼上家人的照片、剪報、難忘的珍藏票券等充滿意義的物品。以視覺形式來呈現這些回憶，有助於讓我們更鮮明看見人生的過程。

就像我們會對未來設定「在這天前要完成某件事」、「達到某個目標」的計畫，記錄回憶的過程裡，肯定也會想起很多曾經設下的目標，或是達成目標的「人生大事之日」。透過在相關的日子上標記重點，整體瀏覽之後，我們更容易掌握百年曆上每一件事的連結性，獲取全新的觀點。

接下來要做的百年曆紀錄只屬於我們自己，不必分享給別人看，或是向他人報告，甚至尋求評價。

我們的心靈和想法時時刻刻隨著時間在改變，實踐過本書的做法後，過一段時間再重新挑戰看看，也許會得到不一樣的結果。這既是本書的樂趣之一，也是生命最值得玩味的有趣之處。

只為「自己」記錄。

過一段時間後再重新挑戰。

翻閱本書時，請銘記這兩項準則。

人生百年曆的執行要點

使用本書時，請牢記下列5個重點。

1 請獨自進行與自我的鐘擺對談（Swing）

2 不要說謊，不要把錯誤合理化，不要找藉口

3 嘗試改變看待事物的觀點

4 把點跟點連結起來，不要以單一角度思考

5 擬定行動計畫，持之以恆

接下來，就讓我來為大家逐條說明。

POINT① 請獨自進行與自我的鐘擺對談（Swing）

本書會以你的出生日為起點，深入挖掘你的居住地、就讀學校、開心的事、後悔的事等人生資訊。即便有些事情想不起來，或是在過程中感到困惑，你仍要獨自閱讀內容，試著去回答這些問題，靠自己進行作業。

我希望你能在不受干擾的情況下試著與自身對話，面對過去和未來，以及身在「此時此地」的自己。

華特迪士尼有一套名為「Swing（鐘擺）」的思考模式。雖然吸收最新情報跟知識非常重要，但來回擺盪的「Swing」更講求透過不斷自問自答，持續反問自己的想法與做法，然後從中獲得成長。

請養成面對任何事物，不急著在衝動中給予評價或批判，先退一步反思自身真正看法的習慣。

看待事情不應該漠然以對，應該像來回擺盪的鐘擺一樣，不斷將重點拉回到自己身上，時時刻刻反問自己：「換成是我會怎麼做」。在自問自答之中，找出問題背後的意義和價值。

自問自答時，不要試圖與他人競爭、比較，或是跟自己爭辯。在問答中所得到的答案，便是從客觀角度看待自我人生的素材。

透過自己寫下的筆記，重複閱覽和挖掘出新的想法，釐清原本心中曖昧模糊或不願正視的事情，尋找出嶄新的可能性。

POINT② 不要說謊，不要把錯誤合理化，不要找藉口

人活得越久，越容易將過往事件的記憶，在心中扭曲成與事實不符的狀態。特別是痛苦或討厭的回憶，經常被我們下意識解讀成對自己有利的角度。

我想藉由本書鼓勵各位讀者勇於誠實、坦率地面對自己，深入反思「**事實真的是這樣嗎？**」。

別讓想法只停留在腦中，要把這些思緒轉換成具體呈現的文字，變成肉眼可見的狀態。誠實面對自己，才能更清楚地從百年曆中看出自己真正的模樣。

請撇除所有的偏見，照實列出過去發生的好事、壞事、無能為力的事。

除此之外，你曾經因為什麼事情感到幸福？什麼時候、在哪裡、跟誰、做什麼？**誠實面對過去的回憶，不要說謊欺騙自己，不要試圖將錯誤正當化，或是替自己找藉口，老老實實記錄下來，然後用你自己的話語去重新定義。**

經由自己以客觀角度重新定義的世界，同時也影響著未來的人生走向。

POINT③ 嘗試改變看待事物的觀點

一件事情呈現的面向，其實取決於我們觀看的角度。

過去無法改變。但是變換思考模式、觀點與視角之後，對往事就會產生不同的新看法。

當我們在回顧過去時最重要的一點，就是對原本認知的事物「重新框架（Reframing）」。這是一種心理學的思維方式，意思是「重新建構外框」，藉由刻意採取跟過去迥然不同的角度進行省思，變換視角與注目焦點，重新改變自我認知。

改變對事物的觀點，重新將以前逃避面對、模稜兩可、束之高閣的往事攤開檢視。也許會因此回想起那些難受、懊悔的情緒，但我們還是要勇於接受所有的事實，讓自己可以重新去框定事件本身的意義。

我以自己曾經歷的糟糕回憶，當作重新框架事件意義的實際範例。

其實我從小立志成為一位職業足球選手。我認為自己絕對能夠達成目標，把青春時光都奉獻在足球的練習上，萬萬沒想到十九歲時，卻因為膝蓋受傷，不得不放棄自己的夢想。

我一直都是這樣以為的。

但是當我在「百年曆」上寫下這件事的來龍去脈與自己的感受，重新攤開審視並思考後，卻意外看到藏在表面下的另一個事實——「我只是選擇了逃避」。當時的我不敢承認自己實力不足的現實，於是以膝傷當退場的合理藉口，不敢面對內心真實的感受。發現這個癥結點後，我立刻下定決心，無論未來發生什麼事，絕對不要再一次「逃避」。

我出社會之後，還有過另一段痛苦的遭遇。當時的我好不容易有機會負責一件大型企劃案，由公司派駐到洛杉磯。儘管我極力爭取這個機會，最後卻被踢出名單。我將落選的原因歸咎到主管身上，充滿了怨恨。

一直到我透過「百年曆」再次綜觀整件事，才終於看出當時落選的真正原因。雖然當時的我能夠與美國客戶流暢對談，卻缺乏身為一名社會人士不可或缺的責任感，也不遵守凡事向團隊及上司匯報的正常流程。那時的我，能力根本不足以勝任那個位子。當我驚覺自己在工作上，原來一直抱持著「我自己做好就行了」、「成果才是一切」的想法，才坦然承認當時的我確實無法勝任「派駐員」這個需要負責協調的重要職位。

我也從這個發現中重新思考並修正了未來面對工作該有的心態。

不過，「改變觀點」並沒有辦法將人生所有的負面事件轉化成正向看法。這樣做的最終目的，在於藉由從各方角度審視一件事，來改變原先的既有認知，反思未來應該採取的行動。

「實際上是怎麼回事？」、「我真的沒有錯嗎？」這些自我反省的提問，肯定能帶來更重要的領悟。

POINT④ 把點跟點連結起來，不要以單一角度思考

過去的所有經歷，都是來自生命的產物。

我們往往只看結果，沉浸在放棄、生氣與難過之中。

但仔細回顧過往每件事情的過程及整體脈絡，就會發現這些事沒有所謂的起點或終點，而是一件接一件彼此串連在一起。

華特迪士尼出身自貧困的家庭，長大後，他在自己創建的迪士尼樂園入口處，以「世界市集」重現當年他度過貧困與勞碌生活的城鎮。

他不曾輕視或隱瞞貧窮的過去，反而認為「正因為走過那個時期，才能擁有現在的我」，於是在所有遊客必經的路線上，將自己成長的街道化為「世界市集」，大方展現在世人眼前。

他對故鄉的感情不光只有懊悔與悲傷，那些曾經感受過的喜悅及感動，儘管微乎其微，仍然是引領他邁向下一個嶄新世界的連結。

「失敗」是挑戰過程中勢必會遭遇的其中一個階段。既然如此，那就別管失敗，繼續做下去就好了。

「因為曾經做錯，所以不再重蹈覆轍」、「有過教訓之後，這次一定要做好」——從過去前進到未來的道路，都是像這樣由點跟點相互串連，以曾經發生過的經驗逐步建構起牢固的架構。

機會不會事先大聲宣告：「我是機會喔！」

每個人勢必都有很多不想再記得的糟糕過往，或是受人欺侮、難以釋懷的心坎。不過，若能夠重新以「這也許是個轉機」的觀點看待，也許未來就會出現不一樣的變化。

別讓失敗成為單純的失敗，也別讓悔恨只是單純的悔恨，試圖用「幸虧發生過這件事」的角度重新檢視，將「痛苦」化為改變的力量。

學會創造「當下」。

日文中的「おかげ（幸虧、多虧）」源自於佛教思想，漢字寫成「お陰様」。這個詞彙中的「お陰」指的是從他人身上獲得利益或恩惠，再加上禮貌修飾性的字尾「様」結合而成。

佛法有所謂「諸法無我」的概念，意思是世間萬物皆非單獨存在，而是互相依存。同理，過去發生的事也不是單獨的「點」，而是相互牽引後連結而成的「線」。托這些「點」的福，才造就了「此時此刻」。請大家用這樣的觀念來面對人生吧。

閱讀本書時，請將所有的經驗、教訓、恩惠都視為「幸虧有發生的事」，用新的視角重新檢視每一件事情。

POINT⑤ 擬定行動計畫，持之以恆

想要從百年曆裡找出「自己的故事」，以此決定未來的走向，最大關鍵就是要採取能夠確實達成目標的具體行動，並投入其中。

一天一天養成習慣之後，人生就會慢慢出現改變。所以我們需要訂定容易理解的具體計畫，才能方便執行。

一旦有明確的待辦事項，並且清楚知道執行時間或是截止日期，我們就會

產生向前邁進的動力。透過實現跟自己的約定得到成長，建立出自信心。

五年後、十年後……這些遙遠的目標太缺乏現實感，很難化成實際行動。但如果是從「五年後要達到某個目標」的截止日逆向推算出「今天能做的事」、「下週該做的事」、「一個月後該做的事」，實踐起來就容易多了。

先將目標分成幾個「待辦事項」，進一步細分步驟後再擬定計畫，這是一種幫助達成目標的方法，稱為「回溯分析法（Backcasting）」。大家記錄百年曆時，請善用回溯法，把「當下」跟「未來」串連起來。

執行過程需要特別注意，不管「待辦事項」多微小，都不可以擬定模糊的計畫。請設定具體目標數字，用來檢視是否確實達標。

例如設下「一天要跟很多人說話」的目標，「很多」的定義有各種解釋，可能也會因當天的心情出現不同解讀。但是，如果改成「一天至少跟五個人說話」，相對就會明確很多，效果也完全不一樣。

好了，前言就說到這裡，我們的「百年曆之旅」終於要出發了。途中可能會發生意想不到的事情，或許有時也會令你想闔上本書。

不過，我們之所以成為現在的自己，本來就不是因為他人，而是基於我們自己每個當下的心情與想法，做出許許多多的選擇之後，得到的結果。

我們將擁有什麼樣的未來，取決於我們怎麼看待自己的過去，決定如何面對真實的自我，選擇付出行動或是打混摸魚。

Show your Story.
敘述你的故事。

這句話是華特迪士尼的口頭禪。
去找出你真正的故事吧。
在找到故事的瞬間，未來也即刻產生了改變。
然後，我們將盡情享受活在當下的每個美好片刻！

百年曆
JOURNEY
即刻啟程！

Always,
as you travel,
assimilate the
sounds and sights
of the world.

身在旅途中，
要時時刻刻吸收
世界的聲音與景色。

Step

0 前往名為人生的「JOURNEY」

你喜歡旅行嗎？

不少英文單字都有「旅程」的意思，其中我特別研究過「TRIP」和「JOURNEY」的差異。這兩個單字的不同之處是「目的」。

TRIP是「有計畫性與時間期限的旅程」，需要擬定計畫、訂定行程表，明確知道目的地與時間，以及抵達當地後想做什麼。例如「暑假出遊」，因為時間跟天數上有限制，大多屬於TRIP。TRIP具有計畫性，會事先調查想要的東西，或是安排參觀名勝古蹟的行程，隨時隨地拍照留念。換句話說，TRIP是在短暫的範圍內，為了直達目標而設想的安排。

至於JOURNEY，則是歷時漫長又沒有預定歸期的旅程。在設定好目標後，JOURNEY著重的是「過程中發生的插曲」，而不是特定的地點與時間。因此我認為，JOURNEY是在懷抱期待感的前提下度過的旅行時光。

沒有做好規劃的旅行，有時會遇到許多「突發事件」。比如忽然下雨或刮起強風，讓人不得不停下腳步，當然也有可能遇到時間延誤等狀況，因此需要調整行程。儘管有些時候會遇到不好的經驗，但是你在旅行過程中認識的風趣人物、感動的畫面、冷汗直流的緊張事件……這些都是在從未想像過的世界裡意外獲得的人生際遇。

當旅程結束後重新回顧，你會發現這些經歷在腦中留下了鮮明的印象，成為向前邁進的「精神糧食」，這就是JOURNEY的本質。

JOURNEY就像我們的人生。

人生中會遇到完全無法預料的事情。有些突發事件或許還會伴隨著難以忍受的痛苦，但是換個角度來想，說不定這些痛苦也是人生裡的一個轉機，或是成為引發下一件事的契機，為你創造新的緣分。

本書會帶著你用附錄的「人生百年曆」和各式各樣的提問，協助你看清楚名為人生的JOURNEY。

往昔的經歷、與人事物的緣分、當下的心情、回顧時湧上心頭的感受……

在至今為止的JOURNEY中，找出安排生活的線索，讓即將前往的未來成為最棒的時光。逐步釐清自己想要前往的方向，想要看見什麼樣的風景，然後，踏出具體的第一步。

體會「自己擁有的時間」

我想在這段旅程開始前，請大家先認清一個事實——你的人生是有限的。

「所謂生存、生命，就是指你能運用的時間。」這是生前十分照顧我的日野原重明醫師，在他一百零五歲高齡時留下的金句。一如他所言，無論是誰，人生的「可用時間」都有期限。

雖然每個人從出生就擁有時間，卻不是人人平等。這種感受會隨著人生推進和年齡增長越來越深刻。有些人甚至因為某些遭遇，年紀輕輕就被迫正視「存活時間」所剩無幾的急迫性。

既然時間無法平等對待每一個人，那麼如何有效運用它，就是決定我們的人生是否充實的關鍵。

所以我們要先從記錄百年曆的過程裡，學會想像「時間」。

我們的人生都是朝著終點——也就是「死亡」邁進。

先從「整體」來看自己擁有的時間。選擇「整體」這個用詞，是因為時間會隨著觀點改變而有不同的詮釋。

生活越是忙碌，越難察覺時光的流動。尤其是長大成人後，我們更容易覺得「時光飛逝」，明明小時候的我們經常感到時間無比漫長。

只要先找出從出生日開始算起的「人生百年時光」，就能確實感受到自己現正處於哪個階段。

0-1

攤開自己的「百年人生」，將時間具體化

1 翻開百年曆，找到自己出生的那一年，標記出生日。

2 參考下一頁示範，在填寫年齡的空格裡，從出生年開始填入零到一百歲的數字。

3 在目前年齡的年分上畫一個大圈，或是貼上貼紙。也可以選擇貼便條紙，寫下現在的心境、角色、工作等現況。

如此一來，你個人專屬的「人生百年曆」就完成了。

常聽到有人說「百年人生」，但這次我們要親自去體會此生從開始到結束的這一百年時光，你覺得是漫長還是短暫呢？

❶ 圈出自己的生日。

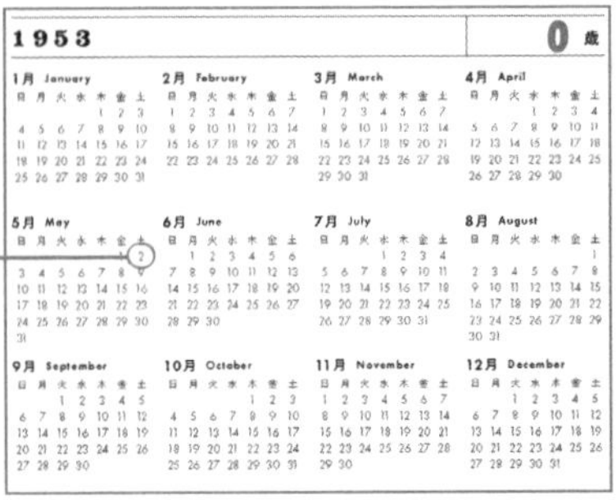
1953
0歲

❷ 從自己的出生年分開始，在年曆上的年齡欄填入零到一百歲。

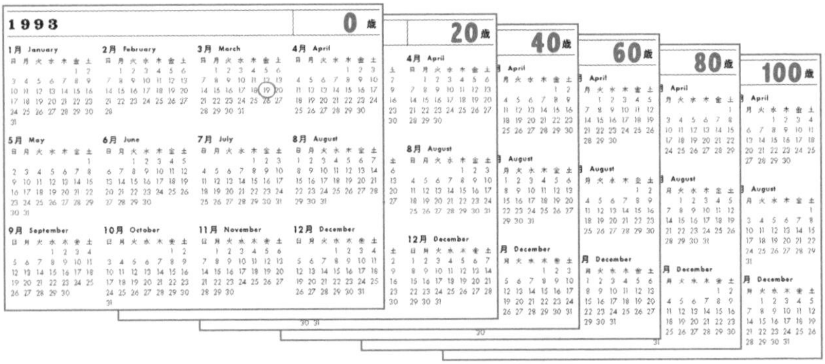
1993
0歲
20歲
40歲
60歲
80歲
100歲

❸ 將目前年齡的年分圈起來。

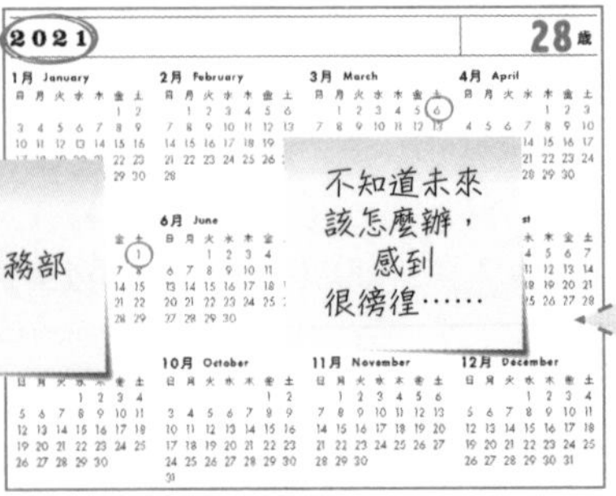
2021
28歲
調到業務部
不知道未來該怎麼辦，感到很徬徨……

你現在的心境如何？
對工作呢？
對生活呢？
全部寫到便條紙上吧。

為這趟百年曆JOURNEY，選一首BGM背景音樂

完成個人專屬百年曆後，請接著為自己挑選一首背景主題音樂。請挑一首你在孩童時期、學生時期、剛進公司時常聽的曲子，或是任何充滿回憶的歌曲，當成翻閱本書時的背景主題音樂。

當我們在使用百年曆，陷入「以前的事早就忘記了」、「完全想不起來」的困境時，這首背景音樂，可能就是幫助我們喚回記憶的線索。

無論是誰，肯定都有一首記憶深刻的歌曲。例如學生時代參加社團比賽時，會場重複播放的背景音樂；或是在出差路途中，在車上反覆聆聽的曲目；又或是朋友聚會時，一定會在卡拉OK唱的歌曲。

透過歌曲帶動回憶，將自己聚焦於「當下」的視角，切換到過去與未來。我誠心建議大家挑選一首歌，在閱讀本書時播放當背景音樂。

我的人生精選曲目是洛・史都華的《Sailing》。學生時代記憶深刻的曲子則是中村步的《折翼天使》及邦喬飛的《Blood On Blood》。

選好背景音樂，按下播放鍵，準備進入協助自己具體想像「人生可運用時間」的第二輪作業。

請容我插問一個問題，你有喜歡的歷史人物嗎？

不管是知名的傳奇運動選手，還是改變世界的革命英雄，任何浮現在腦海中的偉人都可以。請你上網調查那個人的生平。

這些偉人有過怎樣的人生故事，在幾歲時結束他的人生旅程？他們之所以成為偉人，是因為曾經成就名留青史的偉業，而這些偉業，都是他們幾歲時達成的？請大家先調查這些資料。

0-2

穿越時光，從歷史人物對照人生進度

1 調查喜歡的歷史人物或偉人的逝世年齡，照著下一頁的示範寫在便條紙上，也別忘了註記他的豐功偉業。

2 在自己的百年曆上，找到自己和偉人過世年齡相同歲數的那一年，貼上①記錄的便條紙。

不管是活得比自己短很多的人，或是健康長壽的人都可以，請多多標記幾位歷史人物（歡迎大家參考第53頁的「偉人歿年表」）。

把偉人的生命時光、成就與「自己」重疊

❶ 在便條紙上寫下歷史人物的逝世年齡，以及他們的成就。

織田信長
6月21日，享年47歲
實施樂市樂座，
戰勝許多武將，
邁向天下人之路

坂本龍馬
12月10日，享年31歲
成立薩長同盟、
海援隊，
促成大政奉還

華特・迪士尼
12月15日，享年65歲
創作出諸多
感動世人的
迪士尼作品

尾崎豐
4月25日，享年26歲
唯一以單曲
獲得百萬銷量
的歌手

※用不同顏色的便條紙來區別人物也是一種有趣的做法。

❷ 在自己和❶的名人逝世年紀相同的那一年，貼上❶記錄的便條紙，並在那位名人的忌日留下「標記」。

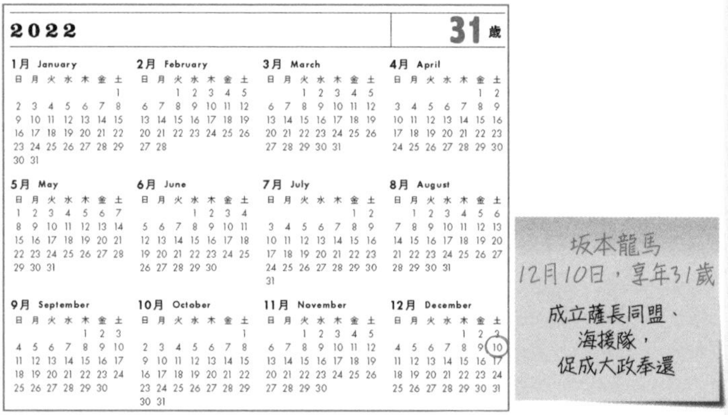

2022
31歲
坂本龍馬
12月10日，享年31歲
成立薩長同盟、
海援隊，
促成大政奉還

2038
47歲
織田信長
6月21日，享年47歲
實施樂市樂座，
戰勝許多武將，
邁向天下人之路

你是否像這些歷史名人般燃燒生命，認真活過每一天？

戰國武將織田信長享年47歲，革命家坂本龍馬享年31歲，華特迪士尼享年65歲，蘋果創辦者史蒂芬賈伯斯享年56歲。還有某位神風特攻隊的士兵享年19歲，披頭四的約翰藍儂享年40歲，畫家梵谷享年37歲，塞尚享年67歲。

以上列舉的只是一小部分，有一些人能夠活到當代的「平均壽命」，也有人不幸英年早逝。跟現代的平均壽命比起來，過去的人明顯短命許多。實際上，江戶時代的平均壽命為45歲，在第二次世界大戰奉獻生命的年輕特攻隊隊員，平均只存活到20歲。

面對不同於現代的時代環境與社會狀況，以前的人們總是抱持著生命可能隨時隨地突然結束的危機感過活。假如你和那些歷史人物活在同一個時代中，你能運用的時間也許所剩無幾了。

畫家梵谷37歲過世，他生前連一幅畫都沒賣出去，卻在死亡後被評價為最具影響力的的畫家之一，那幅「向日葵」以將近四千美金的天價成交。除此之外，畫家塞尚直到他67歲離世為止，也僅僅賣出三幅作品。

他們的作品價值都是到晚年才得到認可，成為流芳百世的畫家。究竟當他們還活在世上，但尚未得到肯定的時候，心裡有過什麼想法？最看重什麼事？認為什麼是「一定要在此生達到的成就」呢？

寫下名人的事蹟與時間軸後，再度把視角轉回自己的人生。

過去的你都花時間在哪些事情上？

而未來你能運用的時間還剩下多少？

你有過很多真正自由自在、隨心所欲的生活時光嗎？

在人生僅剩的時間裡，你想要做什麼？想在這段時間裡怎麼過活？

此時此刻你該做的事，以及未來應該做的事又是什麼？

無論是誰都是一樣的，大家的人生都僅此一回。

偉人歿年表

名人的姓名	逝世年齡
天草四郎（武士）	17歲
聖女貞德（軍人）	19歲
石川啄木（詩人）	24歲
高杉晉作（革命家）	26歲
尚-米榭・巴斯奇亞（畫家）	27歲
芥川龍之介（小說家）	35歲
太宰治（小說家）	38歲
約翰・甘迺迪（政治家）	46歲
羅伯特・舒曼（作曲家）	46歲
麥可・傑克森（音樂家）	50歲
威廉・莎士比亞（詩人）	52歲
路德維希・范・貝多芬（作曲家）	56歲
豐臣秀吉（武將）	61歲
阿佛烈・諾貝爾（發明家）	63歲
伊藤博文（政治家）	68歲
德川家康（武將）	73歲
尚-保羅・沙特（哲學家）	74歲
阿爾伯特・愛因斯坦（物理學家）	76歲
湯瑪斯・愛迪生（發明家）	84歲
海倫・凱勒（教育家）	87歲
弗羅倫絲・南丁格爾（社會創業家）	90歲
松下幸之助（企業家）	94歲

I only hope that
we never lose
sight of one thing—
that it was
all started by
a mouse.

—

我只希望自己
絕對不能迷失一件重要的事，
那就是這所有的一切，
都是從一隻小老鼠開始的。

Step 1 確認自己的原點與定位

第一個步驟，開始播放剛才決定的背景音樂，回到人生旅程的起點上。
我們經過了許多的歲月才成長到這個年紀。你是如何度過這段時光的呢？
我們要深入探討「誕生」這件事，並感受存在你體內的「Beat（靈魂）」。

父母或家人是參與我們的誕生，在此生中最早建立關係的人。
那麼我要請問大家：
如果要用一句話來形容你的家人，你會怎麼描述？
你的父親、母親是什麼樣的人？
你的兄弟姐妹是什麼樣的人？
你的爺爺奶奶是什麼樣的人？
他們有什麼部分和你相像嗎？

他們有哪些部分是反面教材呢？
他們曾給予你實用的教誨或話語嗎？
他們說的話曾經傷害過你嗎？

思考這些問題的同時可能會湧起許多思緒。當然也有許多人在這方面沒有美好的回憶，連要回想都無比抗拒，也有人不曾有關於家人的記憶，或是根本不曉得何謂家人。可是，你的出生與生日都是不可更動的事實，也沒有人可以決定生下自己的父母親。

請容我直話直說。你之所以能夠出生，只能用「奇蹟」這兩個字來形容。到現在還能夠安然存活，也完全是天降的恩惠。世上有其他人也一樣獲得了奇蹟般的生命，也有人還沒出生就死於母親腹中，或是遭逢意外身亡。

我們現在要重新以客觀角度回顧你的人生開端──「出生日」。然後把開始踏上人生之路的這個紀念日，當成人生的最重要「Milestone（里程碑）」。

1-1

探索「出生日」所代表的意義

1 在第45頁記錄的第一個生日附近，用便條紙寫下自己所知範圍內的身家資訊，如父母名字、性格、以及自己的名字由來，並貼到年曆上（也推薦大家貼家人或自己嬰兒時期的照片）。接著把出生後到現在的每一年生日都圈起來。

2 在歷年的生日上，特別標註印象最深刻的家庭回憶、旅行、快樂的事，並將理由寫進便條紙，貼到年曆上。
請盡量寫下所有記得的內容，例如「媽媽煮了一桌我愛吃的食物」、「正式邁入三十歲，跟同梯一起通宵喝酒」、「跟好友舉辦了野餐派對」。

3 最後在便條紙上記錄對自己出生的感想，貼在目前年齡的那一年。

為自己的「誕生」慶祝吧！

❶ 把寫有父母姓名、個性、以及自己名字由來的便條紙貼到年曆上。

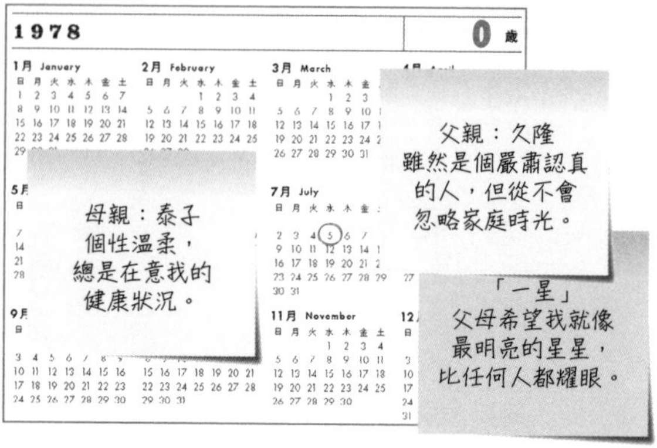
1978
0歲
母親：泰子
個性溫柔，
總是在意我的
健康狀況。
父親：久隆
雖然是個嚴肅認真
的人，但從不會
忽略家庭時光。
「一星」
父母希望我就像
最明亮的星星，
比任何人都耀眼。

❷ 在從出生到現在的每一年生日上做標記。

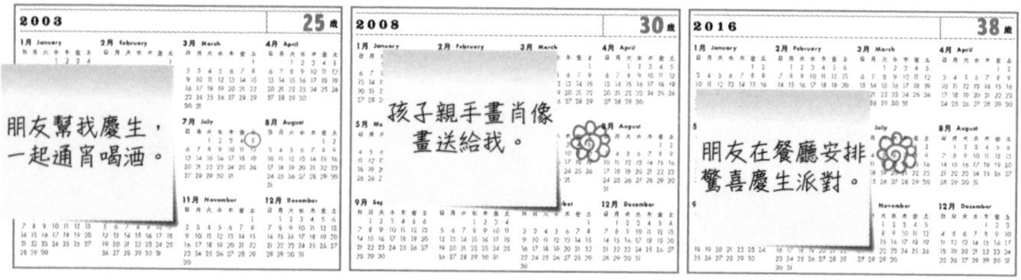
2003
25歲
朋友幫我慶生，
一起通宵喝酒。
2008
30歲
孩子親手畫肖像
畫送給我。
2016
38歲
朋友在餐廳安排
驚喜慶生派對。

記下你難忘的生日回憶

❸ 在便條紙寫下你對自己「出生」的感想，貼在今年的位置。

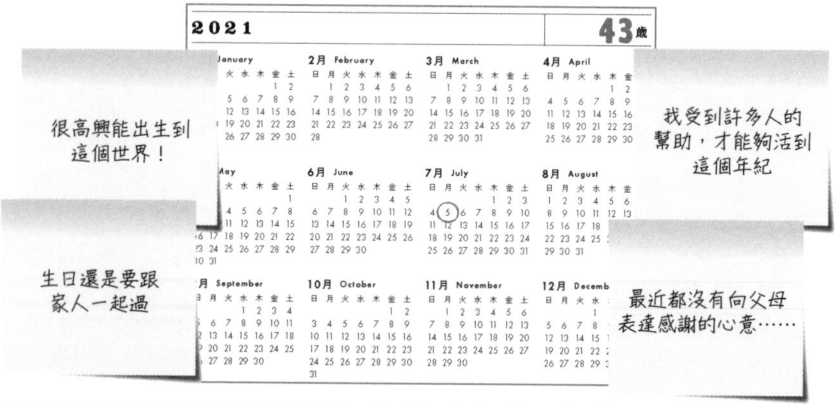
2021
43歲
很高興能出生到
這個世界！
生日還是要跟
家人一起過
我受到許多人的
幫助，才能夠活到
這個年紀
最近都沒有向父母
表達感謝的心意……

1-2

將每一年生日，視為人生的「里程碑」

接著，將視角轉向未來，把重點放在今年到一百歲那年的生日。只要我們還活著，每一年的生日就會來臨。請把你對於下列問題的答案，以清楚的方式記錄在百年曆上。

1 明年的生日、後年的生日、再之後的生日……以此類推，把自己直到一百歲那年的生日都圈起來。

2 將標記的生日當作往後人生的「Milestone（里程碑）」或「截止日」。現在可能就是人生中重要的階段……假如你現在正處於這樣的年齡，就在生日那天貼張貼紙或留下標記。至於應該把生日設定為做什麼事的期限，可以在之後閱讀本書的過程中慢慢尋找目標。

3 假如心裡已經有預計完成的目標，就在②的生日處貼上便條紙，寫下未來想執行，或是內心感到期待的事。

將「生日」視為人生的里程碑

❶ 標記自己直到一百歲的每一年生日。

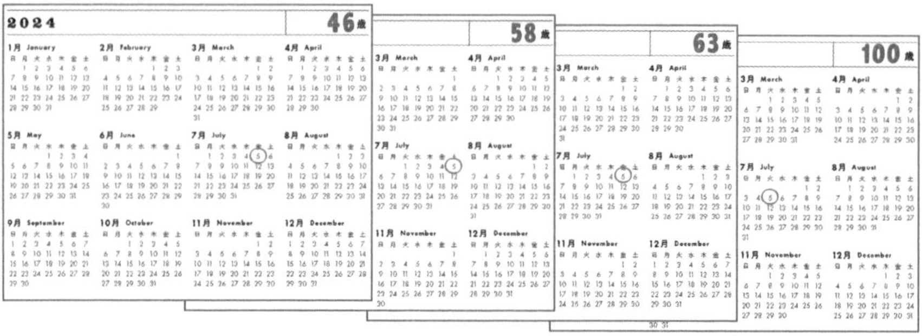
2024
46歲
58歲
63歲
100歲

❷ 在預計可能是人生重要階段的生日上，另外貼貼紙或做重點標記。

❸ 寫下自己規劃或期待的目標，貼到年曆上預計完成的那年生日上。

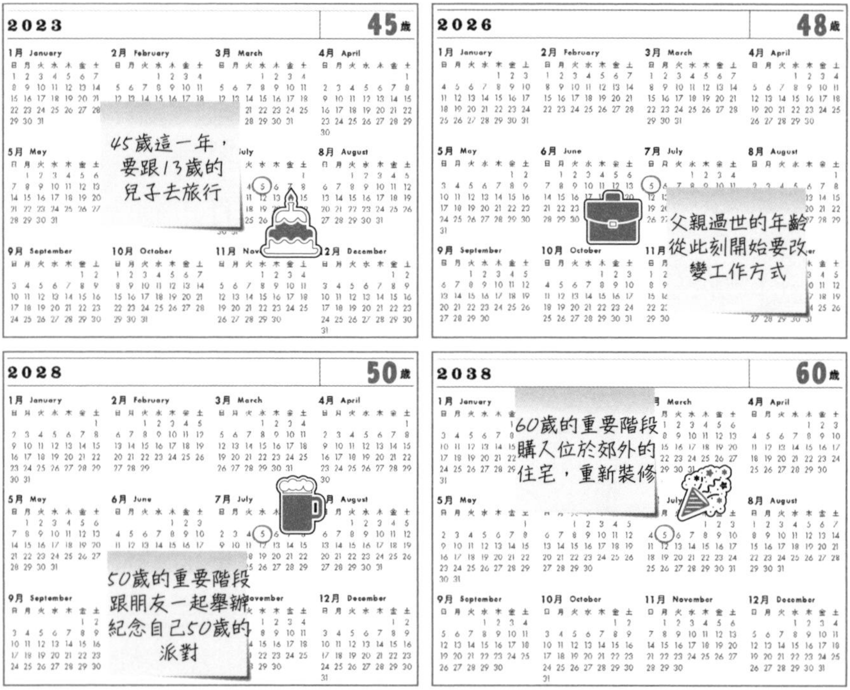
2023
45歲
45歲這一年，
要跟13歲的
兒子去旅行
2026
48歲
父親過世的年齡
從此刻開始要改
變工作方式
2028
50歲
50歲的重要階段
跟朋友一起舉辦
紀念自己50歲的
派對
2038
60歲
60歲的重要階段
購入位於郊外的
住宅，重新裝修

認同自己誕生的「奇蹟」與「使命」

明明小時候總是很期待生日來臨，現在卻沒有特別開心的感覺……有些人可能覺得自己早已超過會為了生日雀躍的年紀，也有人討厭自己、討厭父母、不想正視自己的年齡問題……每一個人的心境不同，不需要強迫自己對生日感到快樂。

然而，我希望能夠透過本書的第一個步驟，帶大家從客觀的角度檢視自己出生後的時光。

過去曾經發生過的事，從來不會改變。

請試著以客觀的第三者角度，再一次全面審視自己一百年的時光洪流，往後退到遠一點的位置觀察，覺察自己的存在真的是「生命的奇蹟」。

正在閱讀本書的你現在幾歲？

過去的人生裡，你一定曾經在校園、職場或社會上和形形色色的人來往，汲取各種知識及經驗。有時候也會給予他人評價、建議或是要求，這是任何人際往來與親密關係中必然會出現的行為。

但是，你對自己的看法呢？我們很容易注意到他人的表現，忍不住提出想法，可是對於自己目前的行為模式和人生，卻很少發表建議。

我們在聽到別人指定自己做事時，有時候會下意識脫口而出：「是要我做嗎？」事實上，「回顧過往」就如同這句不經意說出口的明知故問。

內心的我們並不想碰觸痛苦的過去，或是未來該何去何從的問題，更不想知道答案，因為探究自我的過程，不可避免將伴隨著疼痛與恐懼。

但是，即便腦中浮現「是要我做嗎？」的困惑，我們的確也只能靠自己摸索出人生解答。而我們應該做的第一步，就是接納生命的原始意義，認同自我的存在，嘗試「跟自己對話」。

人生勢必會遇到許多關卡，失業、工作危機、人際關係、諸事不順……或許你正是因為遇到困難才拿起這本書，想藉此找到改變人生的機會。

但是，其實奇蹟早已持續在發生。因為你現在活在世上，就是最棒的奇蹟，是上天賜與的機會與無價之寶，我們必須先認知這個客觀的事實。

他人的評價不重要，重要的是self-respect（自尊）——也就是你對自己的看法。你不僅僅是活著而已。你可以翻閱本書，可以在早晨起床後看見陽光，可以品嚐美味的咖啡，可以到處散步，可以思考與煩惱。

這一切都是極為珍貴的奇蹟與人生機會。

你的出生就是一個奇蹟，請在百年曆上為它畫一個明顯的記號。

你的人生是由此開始的。

敞開心房接受這一點，再次為人生啟動新的開關。

Everyone needs deadlines. Even the beavers. If we didn't have deadlines, we'd stagnate.

每個人都需要設定最後期限，
就連河狸也不例外。
如果沒有訂定期限，我們就會停滯不前。

Step

2

選定最後一日，掌握真正「可運用的時間」

對於人生的可用時間和誕生的奇蹟，你是否已經能夠深刻感受？

現在，再問大家一個問題。

未來十年，你能跟父母見幾次面呢？

假設一年回鄉一次，答案總共是十次。但也有可能因為某些因素，無法輕易見到面。更何況父母都比我們年長，見得到面的次數或許比想像中還少，說不定已經開始倒數了。在這樣的前提下，你肯定會想要在下次見面時一起拍張合照，或是帶他們去河堤賞花。

你還會進一步問自己更多問題，例如過去是怎麼和父母相處？未來又該如何一起度過親子時光？自己應該為他們做些什麼？以後「和父母相處時」又有哪些事非做不可？

除了父母之外，你跟好友的情況又是如何？

未來十年，你還會跟好朋友見到幾次面？

以我個人為例，我有一位住在神奈川縣的高中死黨。其實我們住得距離不遠，但以我估算出人生所剩時間回推平常相約的頻率，我們這輩子還能碰面的次數少得驚人。

每次一想到這裡，我就會反覆思考，未來「和摯友相處的時光」裡，最應該做哪些事？下次見面要去吃什麼美食，聊些什麼，或是否該鼓起勇氣，開口詢問以前不敢提的事情……

人生還剩幾次，能夠牽起孩子的手？

人生還剩幾次，能跟這位朋友互相說一聲「再見」？

人生還剩幾次，能夠大聲歡笑？

人生還剩幾次，能戴上這支手錶？

人生還剩幾次，能在踏出家門時說一聲「我出門了」？

人生還剩幾次，能夠看著自己的兒女？

人生還剩幾次，能跟父母及祖父母聊天？

人生還剩幾次，能吃到自己最愛的咖哩？
人生還剩幾次，能告訴那個人「我好愛你」？
人生還剩幾次，能喜極而泣？

當你意識到人生還剩下多少時光，心中自然就會浮現各種念頭。

依平均壽命和健康壽命，替自己設定「人生最後一日」

我在第45頁中曾帶大家標記零到一百歲的生日。但是我們無法保證自己可以活到百歲，或是就算活到一百歲，身體機能是否還能處於完美狀態。根據厚生勞働省的資料指出：

二〇一九年的日本人平均壽命，男性為81.41歲，女性為87.45歲。
二〇一六年的日本人健康壽命，男性為72.14歲，女性為74.79歲。

（＊根據二〇二〇年內政部與二〇一九年衛福部統計，台灣國人男女性平均壽命、健康壽命分別為男性為78.1歲、70.05歲／女性84.7歲、74.84歲）

當然，所謂的平均壽命及健康壽命不過是一種統計上的數據，靠著發達的醫療技術和個人心態的調整，就算已經超過平均壽命，還是有可能健健康康活到一百歲。

遺憾而公平的是，無論是誰都將不可避免踏上「老化」這條路。

沒有人知道我們現在所做的事或採取的行動、計畫，會在老了之後以何種模樣顯現在我們的生命當中。看著自己的父母、祖父母，或是身邊的高齡者陷入煩惱，都一再讓我們實際感受到，大多數的人一旦超過健康壽命，能夠隨心所欲去做的事將越來越少。

假設沒有遭逢意外事故、罹患疾病，往後能以「健康身體」活著的時間，才是人生真正「可運用的時間」。

因此在第二步驟，我要請大家先根據平均壽命及健康壽命的數據，在百年曆上選定「人生最後一日」，把「真正可運用的時間」化為具體可見的形式。

接著再利用第72頁打造人生時鐘，親自感受你的人生時刻。

2-1

訂定人生截止日，
畫出此生可用的「時間資源」

依據平均壽命及健康壽命的資料，找出自己可運用的具體時間，替人生設定期限。

二〇一九年的日本人平均壽命，男性為81.41歲，女性為87.45歲。二〇一六年的日本人健康壽命，男性為72.14歲，女性為74.79歲。

（＊根據二〇二〇年內政部與二〇一九年衛福部統計，台灣國人男女性平均壽命、健康壽命分別為男性為78.1歲、70.05歲／女性84.7歲、74.84歲）

1 以右邊的數據為參考標準，在你到達「平均壽命」與「健康壽命」的那一年畫上標記。

2 從現在的年分，到①的健康壽命那一年，用麥克筆或螢光筆畫一條線。**這條線即代表你能自由活動的「真正可運用時間」**。

「真正可運用時間」實際上還有多久？

❶ 在你到達平均壽命與健康壽命的那一年畫上大大的標記。

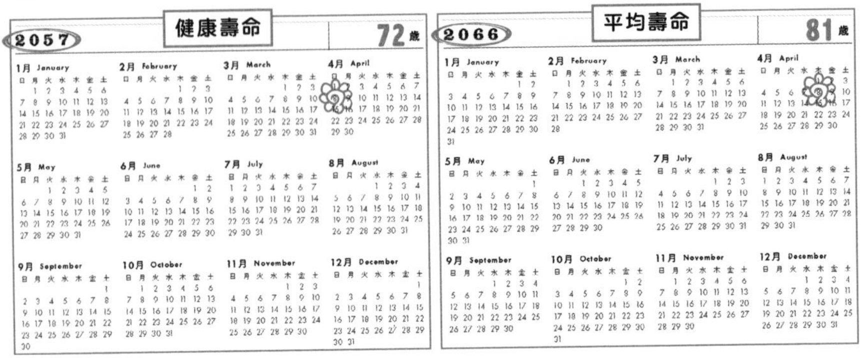

健康壽命
2057
72歲
平均壽命
2066
81歲

❷ 從現在的年分，到❶的健康壽命那一年，用麥克筆或螢光筆畫一條線。

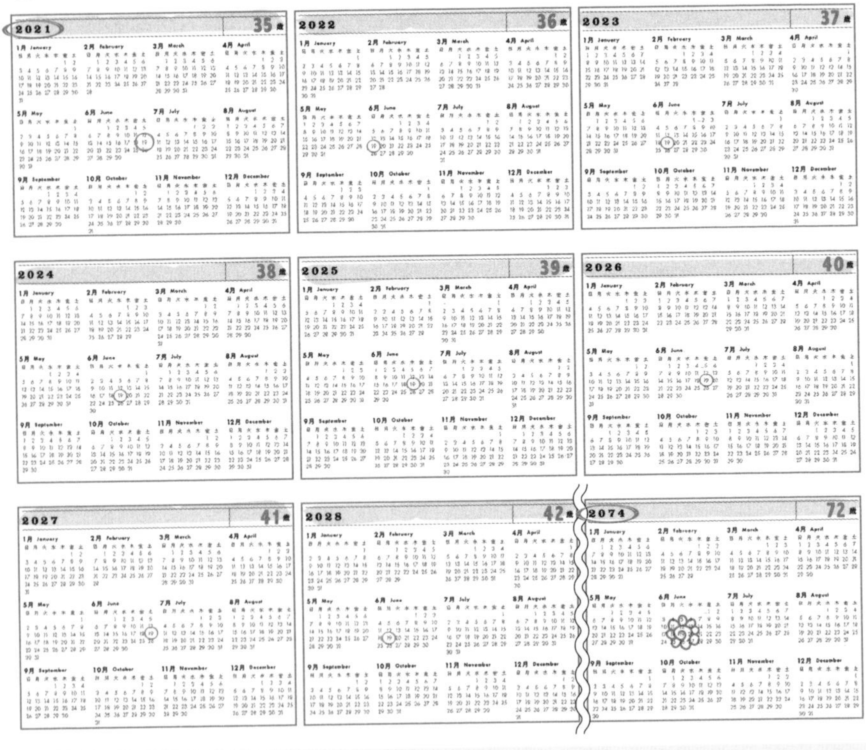

2021
35歲
2022
36歲
2023
37歲
2024
38歲
2025
39歲
2026
40歲
2027
41歲
2028
42歲
2074
72歲

將剩餘時間換算成一天的「人生時鐘」

所謂的「人生時鐘」是假設平均壽命及健康壽命為「一天（二十四小時）」，推算自己目前的年齡位於幾點幾分的位置。

一天有二十四小時，也就是1440分鐘。以男性為例，用1440分鐘除以日本男性平均壽命81.41歲（台灣為78.1歲），可得到17.69這個數字，代表男性人生中的一年，等於時鐘上的17.69分鐘。舉我的例子來說，我寫這本書時年齡為五十六歲，把這個年齡換算成第72頁的人生時鐘，17.69分鐘乘以56，表示我在人生時鐘裡已經過了990.6分鐘。接著再除以60，會得到16.51。

經過上述計算，五十六歲在平均壽命長度中等於下午四點三十一分，是即將迎來日落的時刻。如果是在冬季，下午四點三十一分幾乎已經看不到夕陽了。這就是我的年齡在人生時鐘上的時刻，人生只剩下晚餐這一頓飯而已。

另一方面，若用健康壽命72.14歲（台灣為70.05歲）進行換算，我的人生時刻是下午六點三十八分，正是準備吃晚餐的時間，吃完飯後也只剩下洗澡沐浴了，我能夠自由做事的時光所剩無幾。

2-2

設定「人生時鐘」，掌握「當下」的時間點

左側是以我的年齡計算出的人生時鐘。請於下一頁，根據平均壽命和健康壽命計算你自己的人生時鐘。

將人生換算成「一天（24小時）」
你現在的年齡位於幾點幾分？

以平均壽命來算

16:31
12
1
2
3
4
5
6
7
8
9
10
11

以健康壽命來算

18:38
12
1
2
3
4
5
6
7
8
9
10
11

計算你的人生時鐘

我現在 ____ 歲 ×	（以男性平均壽命計算）18.44 （以女性平均壽命計算）17.00 （以男性健康壽命計算）20.56 （以女性健康壽命計算）19.24	＝❶ ________
❶ ÷ 60 ＝ ❷ ________ （※整數部分為「幾點」）		
（❷小數點後的數字） × 60 ＝ ❸ ________ （※整數部分為「幾分」）		

*此處是以2020年內政部與2019年衛福部統計，台灣國人平均壽命、平均健康壽命為根據推算。

分別以平均壽命及健康壽命進行計算，
你的「人生時鐘」位於幾點幾分？
請把得到的時間填入下圖中。

12
1
2
3
4
5
6
7
8
9
10
11
:

12
1
2
3
4
5
6
7
8
9
10
11
:

拋開「理所當然」與「我不會有事」的想法

透過前面畫出的標記線，我們可以看到從現在到未來的「真正可運用時間」和「人生時鐘」。在這段人生剩餘的時光中，你有想要完成的目標嗎？

話說回來，你是不是常把「現在沒時間」、「現在很忙」掛在嘴邊？以前的我也經常說這些話。

但是，你現在真的沒有時間嗎？

你覺得「現在很忙」，實際上有多忙呢？

我們常常看到「活在當下」這句話或標語。嘴上說起來很簡單的事，實際執行起來卻困難重重。即使想要活在「當下」，我們的內心仍然會對過去的事情耿耿於懷，同時，也對未來感到惶惶不安。無時無刻受制於過去與未來，被困在進退兩難的狀態，與其說「活在當下」，「迷失在當下」也許更恰當。

但是有一件事很明確——「時間」即是「當下」。

此時此地你所擁有的時間就是一切，未來也由此展開。所謂的生活，就是連續不斷累積的「當下時光」。現實生活會遭遇很多情況，你在乎的事、你的想法、你的行動，一舉一動都影響著未來的人生走向。

我在因緣際會之下，開始參與支援罕病孩童及其家人提供的工作。雖然有很多令人感動的時刻，但實際上也會看到許多孩子比我先離開世界一步。每年、每月、每日，我不斷反覆理解死亡是每個人遲早要面臨的事。

從事這份工作之前，我總是認為「我怎麼可能會那麼早死」。不過現在的我已做好隨時面臨死亡的心理準備，每天過著充實的日子。

懷胎十月生下的孩子，卻罹患了不治之症。罕病孩童的母親經常會說：「為什麼偏偏是我的孩子？難道是我做了什麼壞事嗎？真想代替孩子承受一切……」這些問題沒有答案。白髮人送黑髮人的悲傷，無論經過幾年都不會減輕，心中想要再一次撫摸孩子軟嫩臉頰的心願，再也無法實現。

「理所當然」、「普通」、「常識」、「健康」，這些都是仰賴我們平常從未察覺的奇蹟，層層累積後才能成立的詞彙。

死亡必定會來臨，生命、時間也有期限。世上沒有永恆不變的事。總有一天，你的人生時鐘一定會停止擺動。

直到那個瞬間來臨為止，我們該怎麼度過人生？答案只有一個，就是懷抱著死亡的覺悟面對生活。選定人生最後一日，等於接納終將死亡的事實，等於宣示從此時此刻起，做好認真活下去的心理準備。我們還有時間，不需要感到無謂的焦急。

話雖如此，**時間也確實在慢慢流逝，一分一秒都不可以浪費。**別把精力浪費在不需要的事情上面，應該專注於當下該做的事。

我常聽到人家說，就算要求自己「做該做的事」，實際執行起來卻很困難。真的是這樣嗎？到頭來很多人只是心裡想著「要去做該做的事」，事實上卻不願意為此騰出時間，沒有拿出足夠的認真態度，輸給了怕麻煩的另一個自己，或是受到周圍事物的影響……把自己做不到的理由怪罪給忙碌、年齡以及他人因素。這麼做，不會太浪費生命了嗎？

打一通電話、寄一封電子郵件、找某人說話、完成跟別人約定、和家人聊天、專心陪伴孩子、買想要的東西、開始做某件事……現在該做的每一件零碎瑣事，都是建構「當下」與「未來」的地基。現在，就踏出第一步吧！

本節的尾聲，我想推薦一首谷川俊太郎的詩。我是誰？我為何而活？該繼續這樣的生活嗎？現在的想法和行動是對的嗎？儘管這些疑問沒有標準答案，但我們若不持續自我問答，人生就只是在虛度光陰罷了。

活著　谷川俊太郎

活著
現在，我活著
所以，會感到口渴
覺得葉縫間的陽光耀眼
不經意想起某首歌的旋律
突然想打噴嚏
或是牽起你的手

活著
現在，我活著

那是迷你裙
那是星象儀
那是約翰史特勞斯
那是鋼琴聲
那是阿爾卑斯山
和所有的美好事物相遇
然後，謹慎拒絕潛藏的邪惡

活著
現在，我活著
能夠哭泣
能夠歡笑
能夠發怒
能夠享受自由
活著

現在，我活著
現在，遠方有野狗吠叫
現在，地球正在轉動
現在，某處有嬰兒降生
現在，某地有士兵受傷
現在，鞦韆輕輕擺盪
現在，現在正在流逝

活著
現在，我活著
鳥兒展翅翱翔
海浪濤濤作響
蝸牛匍匐前進
人們相親相愛
感受著你手心的溫度
這就是生命

節錄自「活著」（福音館書店）

Story behind the story.

—

故事背後的故事。

Step 3

回溯軌跡，了解自己的「故事背景」

無論自身是否察覺，每個人過去都發生過不少對「現在」影響巨大的事。在這個步驟中你將翻開百年曆，在曾經發生過重要事件的日子留下標記，勾勒人生「分鏡圖」的底稿。

你在哪裡出生？讀哪間學校？曾搬家去哪裡？

工作、部門異動、轉職……過去的你一定發生過不少事情。

諸如此類的「據點」、「歸屬」便是組成人生故事的骨架，也可以說是形塑「現在的你」背後潛藏的元素。

此外，也要回顧「記憶深刻的往事」，例如首次出國旅行、打工生活、求婚、結婚、生子。當然，人生不會每件事都具有衝擊性，普通卻重要的事件一定也不少，好比說開始學才藝、對某事產生興趣（開始學樂器後愛上音樂）、入選社團的參賽選手、和好友分離……替這些過往做出標記，可以幫助我們確切感受至今為止的生命歲月。

一定也有很多幾乎想不起來，快要遺忘的事，或是受到霸凌、遭遇背叛、被公司開除等不願回顧的黑歷史。世上只有極少數的人「生命中只有成功和美好的回憶」，一般人的內心深處，大多藏著不順遂的往事記憶。

不過現在要做的這個步驟，不是為了面對瘡疤，而是要帶大家了解「過去也曾經發生不少事」，理性回顧昔日的生命軌跡。站在客觀角度綜觀自己的人生，回過頭思考「現在的我身在何處」、「過去的我曾經歷過什麼事」。

回顧往事時，也可以查查當時發生的新聞或是時代變遷，記錄在年曆上，這麼做有助於在第四步驟之後進行得更順利。

3-1

回顧過去隸屬的「據點」跟「歸屬」

回顧並記錄人生至今為止的「據點」和「歸屬」。你可以選擇寫在便條紙，也可以直接寫在年曆空白處。拿出自己各時期的照片，或是依年代搜尋當時的大新聞、暢銷金曲等等，幫助喚起腦海中的記憶。請參考下一頁的範例，或是第87頁的「人生大事列表」進行。

1. 請將你出生至今，各人生時期的「據點」，例如住處或是時常前往的地點寫在便條紙上，並貼在對應的年分。
2. 請將你出生至今，各人生時期「歸屬」的群體，寫在便條紙上並貼在對應的年分。歸屬指的是幼稚園、小學、國中……到公司、所屬部門等等。
3. 若是有家庭的人，建議把家人或小孩的生活據點、年齡、歸屬也都寫下來（例如：伴侶換工作或是退休、小孩入學、該年的年次等等……）。

你曾住在哪裡？曾歸屬於哪些群體？

❶ 請將你從出生至今，各個人生階段曾經住過或經常前往的「據點（地點）」記錄於便條紙並貼到年曆上。

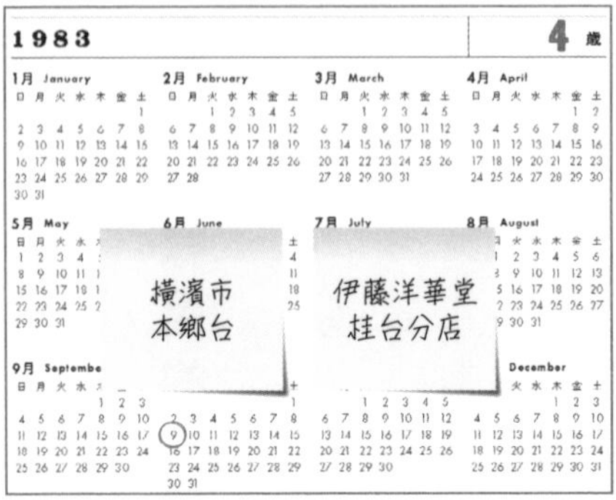
1983
4歲
橫濱市
本鄉台
伊藤洋華堂
桂台分店

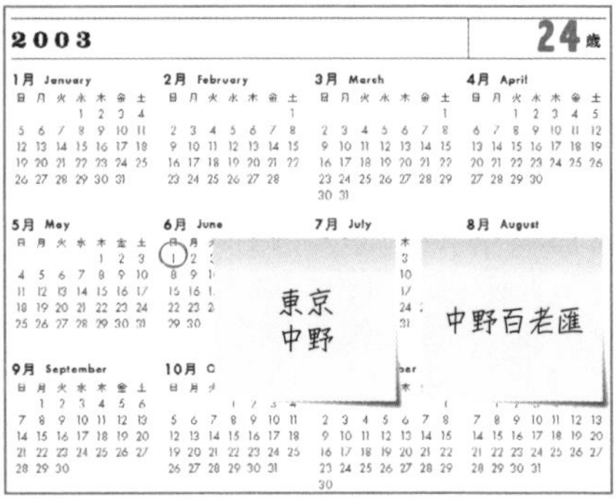
2003
24歲
東京
中野
中野百老匯

❷ 請將你從出生至今，各人生時期的「歸屬」，記錄於便條紙並貼到年曆上。

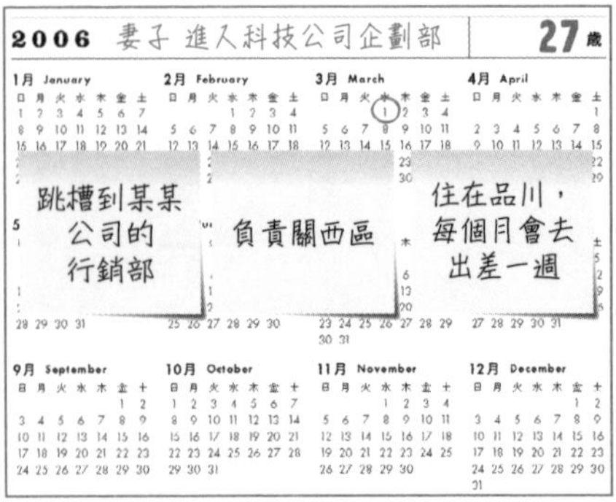
2006 妻子 進入科技公司企劃部
27歲
跳槽到某某
公司的
行銷部
負責關西區
住在品川，
每個月會去
出差一週

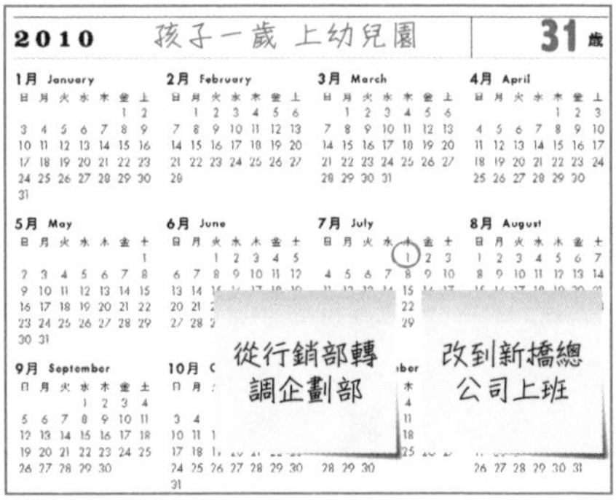
2010 孩子一歲 上幼兒園
31歲
從行銷部轉
調企劃部
改到新橋總
公司上班

POINT

同步記錄小孩或家人的歸屬單位、年齡（❸）。

記錄時不一定要使用便條紙，也可以直接寫在年曆的空白處！

3-2

記錄一路走來遇過的「轉捩點」

無論大事小事皆無所謂，請參考下一頁的範例，單純去回顧「事件」。

1 記錄你從出生到現在的各時期，對自己來說是「重要轉捩點」的事。寫在便條紙或直接寫在年曆上都可以。

如果記得明確日期，建議在該日期留下重點標記。如果回想過程遇到困難，也可參考第87頁的「人生大事列表」。

2 假如還有餘力，就在便條紙寫下你現在對那些重要事件的感受，並貼在對應的時期。

回想記憶中的人生轉機

❶ **從出生到現在，哪些事情是你在各時期的「重要轉捩點」？請寫在相對應的時期。**

❷ **若還有餘力，就在便條紙寫下你現在對那些事的感受，貼在對應的時期。**

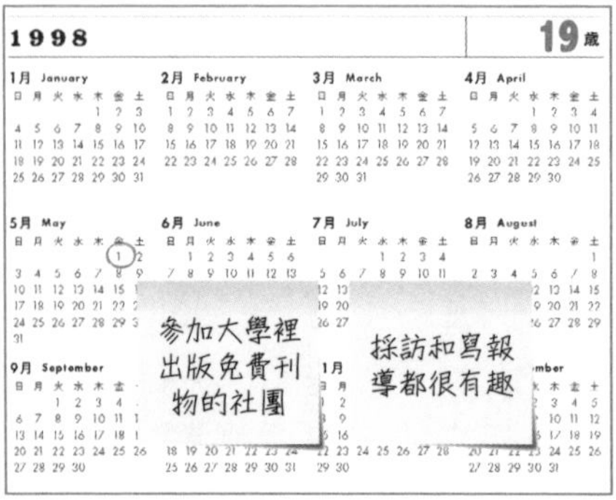
1998
19歲
參加大學裡出版免費刊物的社團
採訪和寫報導都很有趣

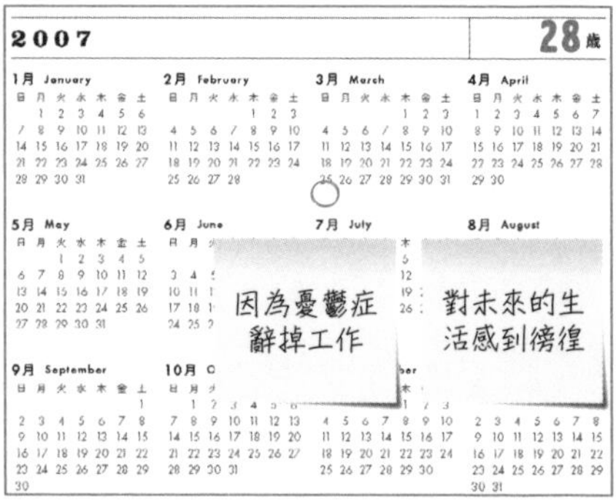
2007
28歲
因為憂鬱症辭掉工作
對未來的生活感到徬徨

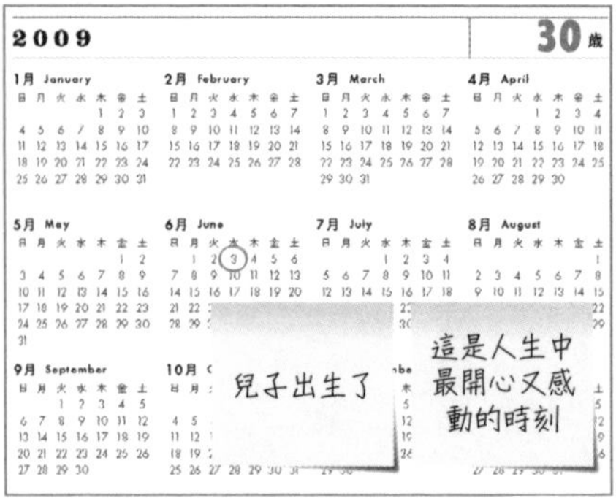
2009
30歲
兒子出生了
這是人生中最開心又感動的時刻

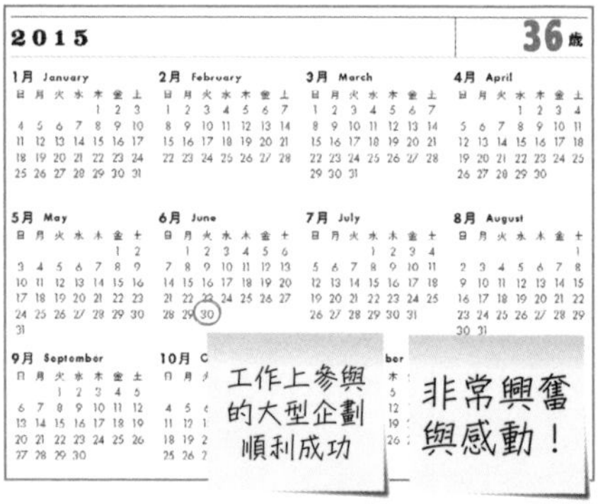
2015
36歲
工作上參與的大型企劃順利成功
非常興奮與感動！

請參考下一頁的人生大事列表，
回想只屬於你的「人生故事」，親筆記錄下來。

人生大事列表

學校
入學・畢業
考試・升學
轉學
社團活動
學才藝

戀愛
際遇・初戀・告白
失戀
約會
同居
求婚

旅行
國內旅行
國外旅行
蜜月旅行
家庭旅行
畢業旅行

育兒
分娩
收涎
孩子第一次過生日・抓周
孩子的開學典禮・畢業典禮
孩子的考試・升學
孩子學習才藝
孩子的社團活動

居住
搬家
買房子
重新裝修

工作
就職・轉職
退休
失業
部門異動
晉升
工作上的成功與失敗
副業

婚姻緣分與分離
認識新朋友
結婚
生孩子
死別
離婚

娛樂
賞花活動
暑假
萬聖節
聖誕節
新年

健康
自己的疾病・意外事故
照顧父母
孩子的疾病・意外事故

金錢
借貸
加薪
投資

回到「當時」，重新體會「當時情境」

我們要在這個步驟倒轉時光，再次體會你曾經歷或看過的事物。這是一段你跟自己的重要對話時間。不需要拿給別人看，不需要請教他人，也沒有人會對此評分。這不是一場競賽，請你在百年曆上照實書寫實際的情況。

將據點、歸屬、人生轉折都寫進百年曆之後，你就完成人生分鏡圖的基礎底稿了。雖然下一個步驟將開始聚焦於各種不同的主題，但所有問答的基礎，都是源自於這份人生分鏡圖。

「分鏡圖」原本是一種用於爬梳體驗與事情經過，從中擷取靈感的商業思維工具。我以過去任職於Oriental Land的工作經驗向大家說明。

剛進公司的第二年，我便分派到負責籌劃成立東京迪士尼海洋的企劃團隊。參與這場以「打造超越東京迪士尼樂園，風格迥異又充滿魅力的主題樂園」為終極目標而展開的企劃案期間，我和來自迪士尼大本營的美國華特迪士尼公司成員一起腦力激盪，學習具體闡述關於主題樂園的靈感。

華特迪士尼公司的員工不僅著重於終點與目標，也非常看重實際情況與可能衍生的問題。因此每次跟他們開會時，為了清楚表達，我總是會用白板繪製分鏡圖。

每當提出一個點子，就要具體說明故事背景、遊客會在那裡露出什麼樣的神情、搭乘什麼樣的設施、身上穿什麼樣的衣服等等，在會議裡把這些通通化為具體的圖像。

畫完好幾張這樣子的圖像，再一張張貼到牆壁上。所有人從遠處觀看整體畫面，彼此互相討論，例如「這個場景放在最後，遊客會深受感動」、「一開始呈現出恐怖感，之後看到開心的場景反而會更激昂」，一下把圖畫移到右邊，一下又移到左邊，不斷更動前後順序，逐漸組成一個完整的故事。現在回想起來，真是非常懷念的工作場景。

百年曆完全就是這樣子的分鏡圖。

現在即將進行的這個步驟，看似單純在回顧過往，但其實當事件轉換成肉眼可見的狀態後，原本存在腦海或心中的那些模糊畫面就會頓時撥雲見日。

這個步驟能夠指引你了解自己是一個怎樣的人、有什麼樣的感受、以什麼思維活著，或是未來人生發展的可能性。

發生在我們身上的每一個事件與經驗，在當時看來都是獨立的「點」，可是當我們再次從百年曆綜觀整體發展，就會發現這些乍看毫無關聯的點與點，其實彼此之間是緊密相連的「線」。

一件獨立的事，會是啟發下個事件的契機，當下的感受也有可能成為萌生下一段經歷的種籽。

你活在以你為主角的故事裡。

即便你沒有意識到這件事，現在這個當下，你也正在編織自己的故事。

緊接著下一個步驟，將要幫助你找到把故事變得更精彩的視角。

He lives in you.

答案
存在你的心中。

Step

4

認識建構人生的六大元素

Before I die, I will……

在死亡之前，我要……

這是我在沖繩經營的設施牆壁上的句子。

正在閱讀本書的你，會在「……」的位置填入什麼呢？

當然，想寫什麼完全是個人自由。但是，若只能填寫一個在人生可運用時間結束前絕對要完成的目標，你會寫什麼？

請翻開你在年曆上連續畫到健康壽命結束那天的標記線。這條線涵蓋的部分就是你的人生可運用時間。我們要自此刻開始編寫從今天起的人生故事。

我想再問各位一個問題——你想過什麼樣的人生？

直到死亡來臨之前，什麼是你最看重的事，你又會怎麼分配時間？

反過來說，你現在過著怎樣的生活？

過去又是怎麼過日子？以前的你如何分配生活中大部分的時間？

因為工作忙碌，幾乎整天都奉獻給了工作；因為子女還小，沒日沒夜忙著育兒；因為要準備考證照，花費大量時間埋頭苦讀……大家應該都對自己平時分配時間的方式有大致的概念。

透過六個元素思考此刻的人生架構

身為迪士尼樂園與迪士尼電影之父的華特迪士尼認為，人活著的時候和自身有關的事情可以分成六種元素（Element）。這六大元素不僅是迪士尼樂園或迪士尼相關事業所注重的思維模式，更是我在培育人才的過程中時時刻刻銘記的概念。

1 Output（事業）

2 Mother Earth（家庭、人際關係）

3 Belongings（金錢、物質）

4 Tool（健康）

5 Input（學習、進修、證照）

6 New World（興趣）

華特先生認為，我們人類投入Resource（資源），或是將之視為課題的事，大致可以分為事業、人際關係、健康、金錢這四類。「Output（事業）」、「Mother Earth（家庭、人際關係）」、「Belongings（金錢、物質）」、「Tool（健康）」——這是人活著時不可或缺，通常會在某個人生階段裡視為追求目標的元素。

以這四種基本元素為基礎，進一步加上充實生活的「Input（學習、進修、證照）」，以及激發想像力、好奇心、專注力與熱情的「New World（興趣）」，就是人們活在世上必備的六種元素。

構成人生的六大元素

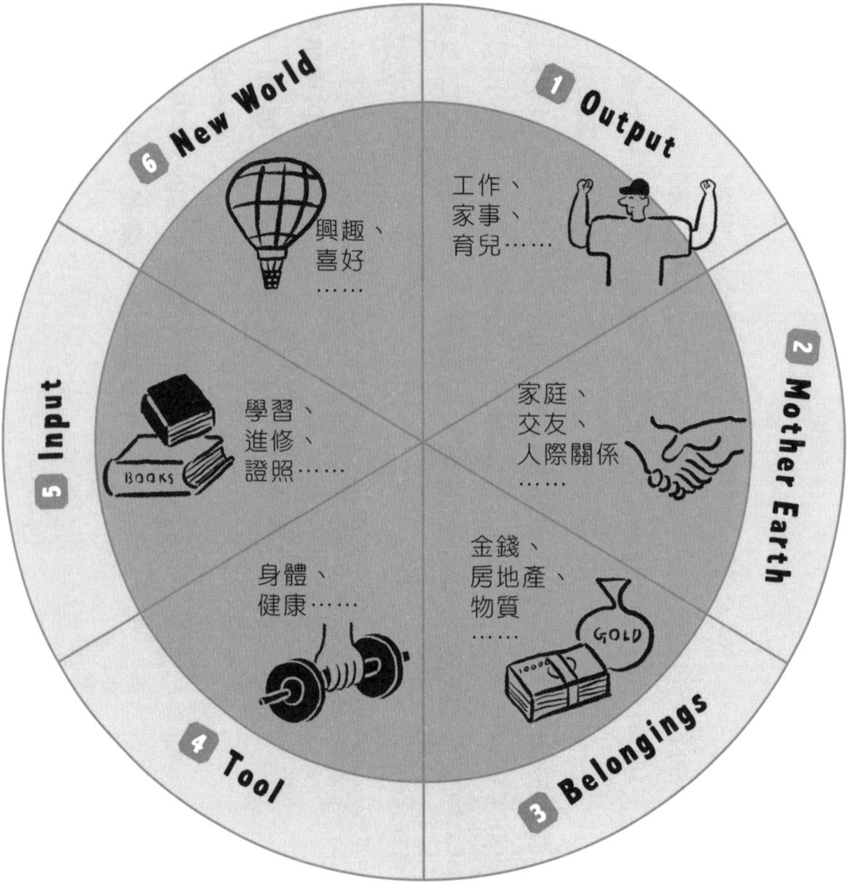

1 Output
工作、
家事、
育兒……
2 Mother Earth
家庭、
交友、
人際關係
……
3 Belongings
金錢、
房地產、
物質
……
GOLD
4 Tool
身體、
健康……
5 Input
學習、
進修、
證照……
BOOKS
6 New World
興趣、
喜好
……

如果依照前述六種元素反思自我。你是如何安排這個名為「自己」的資源，如何去分配每一天、每一週、每一個月、每一年的時光呢？接下來我將詳細說明每一項元素。

1 Output（事業）

只要我們活著，只要我們擁有生命，「Output」即是主動對外表現自我的方式。我們驅使身體、大腦、心靈的一切，為社會或某人貢獻的具體行動或行為，都統稱為「Output」。

工作是最淺顯易懂的範例，即便是沒有報酬的工作也一樣。我們為家人所做的家事、育兒，包含公益活動，都屬於Output。不論評價為何、有沒有實質上的利益，我們都確實曾經為了社會大眾或某人付出了行動。

2 Mother Earth（家庭、人際關係）

Mother Earth的直譯為「大地之母」。換句話說，就是能讓我們的生命和心靈得到支持的事物或歸處。具體而言，就是和我們有關的人際關係，或是「場合」，比如家庭、朋友、同事、意氣相投的夥伴、尊敬的對象等等。沒有人光靠自己活到現在，未來也絕對無法獨自生活。

3 Belongings（金錢、物質）

Belongings簡單來說就是「持有物」。相較於Output、Input，Belongings屬於實際可見、容易看到實體的元素。沒有人可以兩手空空地活著，想要過完全不花費金錢的生活是極為困難的一件事。金錢或用錢換取的投資、儲蓄都屬於Belongings。除此之外，住宅、汽車、家電、衣服等生活必需品也包含在內。至於時尚服飾、收藏品則視個別情況，有時需歸類於New World（興趣）。

GOLD

4 Tool（健康）

人活著所需要的工具是什麼？答案是「身體」。這個元素代表健康，健康的身體就是最強大的武器。

你是否像對待重要工具般愛惜自己的身體，用心保養、謹慎照顧呢？不過，如果是關於「打造六塊腹肌」這種需要大量投入的健身運動，就不屬於Tool的範疇，比較傾向興趣領域。

5 Input（學習、進修、證照）

Input指的是我們獲得的知識及經驗，也包含智慧與教養。在我們的生活中，知識及經驗很難用言語具體表達或呈現，不過我們依然會願意為此分配人生資源去學習，或是面臨不得不這麼做的時刻。

BOOKS

6 New World（興趣）

帶領我們看見新世界的元素就是New World。不管有沒有相關經驗，只要是感興趣的東西都算數，例如長期投入的「興趣」。New World能夠勾起我們的好奇心，打造充滿魅力、光芒四射的人生。

以上六種就是幫助我們獲得成就感，理所當然卻又容易被遺忘的人生元素。請你以這六種元素的視角，重新思索自己的過去、現在、未來。

我們在生活上經常因為過度專注於某事，習慣憑感覺行事，經常發生數秒前深受感動，幾分鐘後就忘個精光的情形。隨心所欲做事確實很吸引人，可是若不用心留意細節，可能就會遺漏重要的關鍵，不知不覺虛度光陰。

人生各階段著重於哪些元素，生活重心放在哪裡，每個人的情況都不一樣。但就算不能滿足所有元素，也必須從每項元素去檢視人生。

年輕時期的華特迪士尼一點也不在乎「Tool（健康）」及「Belongings（金錢、物質）」，是個性格豪爽的人，從不把時間資源花在這些事物上面。與此同時，他對學習新知充滿強烈的渴望，好奇心旺盛且想像力豐富，總是不斷開拓「New World（興趣）」。他的「Output（事業）」也逐漸水漲船高，獲得相對應的成果。

可是相對的，他在「Mother Earth（家庭、人際關係）」方面卻很糟糕。在人生接近尾聲時，對於家庭及周遭人際關係的疏忽，依然讓他懊悔不已。

華特迪士尼的愛妻形象，其實是他晚年才出現的轉變。

在他瘋狂投入工作的時期，腦中完全沒有假日或一天二十四小時的概念。許多下屬都批評他是「最糟糕的老闆」。他有一件有名的事蹟，就是他曾在週六假日的早晨突然召集智囊團，要求他們在兩天後的週一中午前，準備好向銀行申請融資的報告書。即便員工對他的要求忍無可忍提出抗議，他也只丟下一句「這就是你們現在的工作。Do your homework!」便走出會議室。

迪士尼樂園之所以強調闔家歡樂的宗旨，想必就是源自華特迪士尼對他的家庭及人際關係的反思。而他也從反省人生的過程裡，列舉出這六大元素的必要性。

接下來，請大家遵循這六大元素來記錄你的百年曆。

4-1

現在的我們，將人生資源用在哪些事情上？

請以六大元素分析你現在的時間分配，或是人生目前的組成結構。然後將結果畫在第105頁的圖表上，不必要求精準的比例。

以早期的華特迪士尼來看，他當時的人生時間結構就如同下一頁的圖表。而第104頁的範例A，工作之餘還要忙著育兒，為了維持身體健康，每週出門慢跑三次，特別珍惜家庭時間，也對攸關未來的投資、儲蓄有興趣，正在學習相關知識。

至於範例B，工作非常忙碌，每天幾乎都在加班，回家倒頭就睡，雖然週六會跟家人一起過，但週日仍然要為了考證照而出門補習。興趣是偶爾看書，睡眠不足與肩頸僵硬的情形很嚴重……

畫出建構人生的六大元素圓餅圖

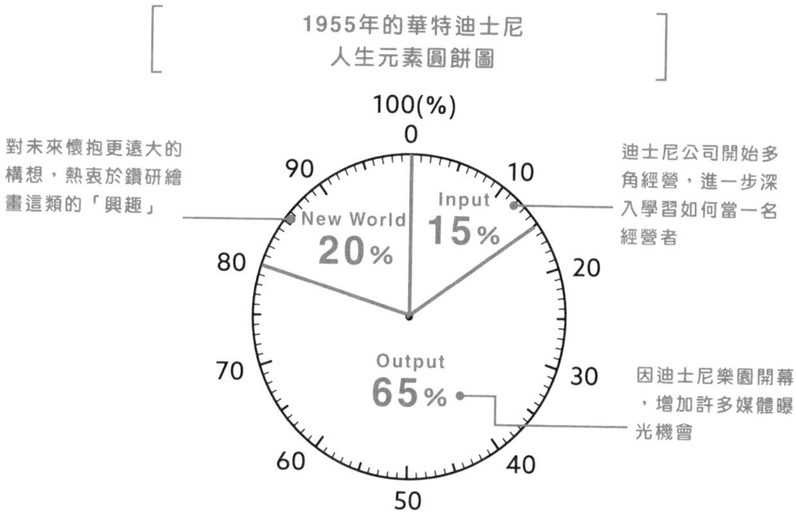
1955年的華特迪士尼
人生元素圓餅圖
100(%)
0
10
20
30
40
50
60
70
80
90
Input
15%
New World
20%
Output
65%
對未來懷抱更遠大的構想，熱衷於鑽研繪畫這類的「興趣」
迪士尼公司開始多角經營，進一步深入學習如何當一名經營者
因迪士尼樂園開幕，增加許多媒體曝光機會

[範例A的人生元素圓餅圖]

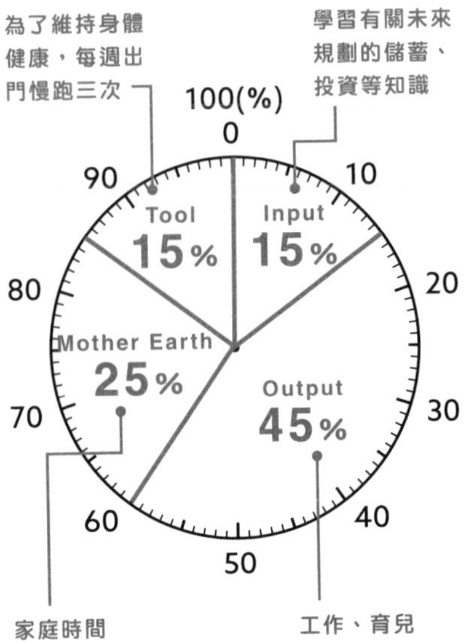
為了維持身體健康，每週出門慢跑三次
學習有關未來規劃的儲蓄、投資等知識
100(%)
0
10
20
30
40
50
60
70
80
90
Tool
15%
Input
15%
Mother Earth
25%
Output
45%
家庭時間
工作、育兒

[範例B的人生元素圓餅圖]

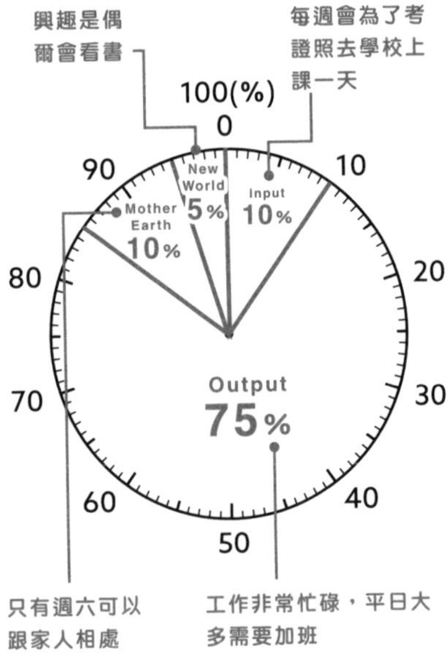
興趣是偶爾會看書
每週會為了考證照去學校上課一天
100(%)
0
10
20
30
40
50
60
70
80
90
New World
5%
Input
10%
Mother Earth
10%
Output
75%
只有週六可以跟家人相處
工作非常忙碌，平日大多需要加班

關於「自己」這項人生資源，現在的你是如何安排的？

將目前的人生依照六大元素，
分析出各自佔比，並繪製成圓餅圖

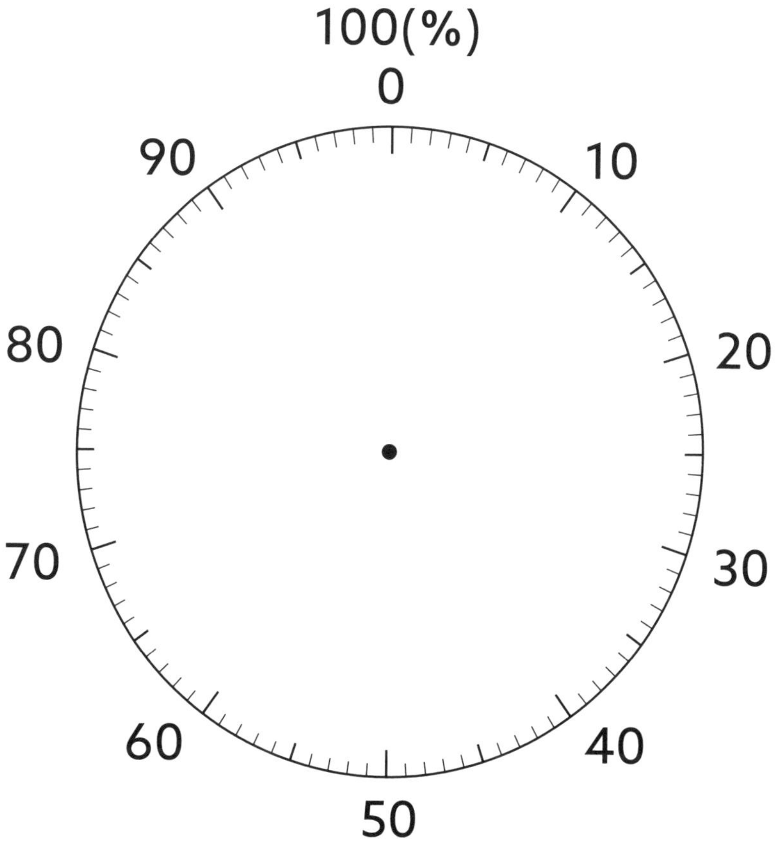
100(%)
0
10
20
30
40
50
60
70
80
90

別被「非做不可的事情」綁架了

請先翻開第105頁完成的個人六大元素圖，我們可以藉由圓餅圖，清楚看出時間分配的現況，例如「工作很多」、「很少跟家人相處」等等。

不需要計算實際花費多少時間，只要稍微掌握整體狀態，知道自己最在意哪些人生元素，或是正往哪個方向、目標前進就足夠了。

請特別注意，你不需要平均分配所有元素比例。假如你認為現有的六大元素比例，對現階段的自己已經是最好、也最必要的狀態，那就維持原樣。每個人在不同的人生階段，都有不同的重心，比如Input偏多的時期，或是需要投入Output的時期。

依循這個概念，再回顧一次你的「人生六大元素圖」。

目前圖中六個元素的組成比例，是未來你想繼續維持的比例嗎？

現實生活中，我們的時間多半被「非做不可的事」給綁架了。

必須處理眼前的工作、準備即將來臨的考試……執行並完成「非做不可的事」固然重要，但是你目前分配六大元素的方式，真的有帶給你幸福感嗎？

請大家從這個觀點切入下一個步驟。

下一步我會帶大家從各種主題探索過去與未來，以六大元素為主軸，找出自己的核心與具體行動。你或許能從下一個步驟的提問中，自然而然釐清未來的人生元素比例配置。

假如直到死亡的這段時間，對你來說過於遙遠或模糊，很難有具體的想像。請隨時把視角調回「當下」的時刻，例如「此時此地」，或是近在一年、三年、五年內的未來目標，檢視自己的生活型態。

4-2

調整六大元素比例，釐清自己想要的生活模式

我們在前面第105頁已完成你當下生活型態的六大元素比例圖。請看著這張圖問問自己，在接下來的人生裡，還想要增加哪些元素比例？

即使還不曉得具體方向，或是對能做什麼感到茫然，我們仍然必須先找出想要前進的目標。請大家依序回答下列三個問題：

1. 六個元素之中，你想增強哪一部分？
2. 原因是什麼？
3. 增加該元素的比例後，對自己的人生有什麼影響？

在未來的生活中，你想更著重於哪項元素？

1 六個元素之中，你想增強哪一部分？

2 原因是什麼？

3 增加該元素的比例後，對自己的人生有什麼影響？

So I think happiness is contentment but it doesn't mean you have to have wealth.

我認為幸福來自心靈上的滿足，
而這不表示你一定得擁有財富。

Step 5

過去想要的是什麼？未來想要的是什麼？

本步驟會以不同主題回顧往日時光，慢慢引領你描繪出未來的走向。第一個主軸將鎖定在「追求之物」。

你曾經成功獲得夢寐以求的東西，或是有渴望卻得不到的東西嗎？

以我為例，我在小學六年級時，父母送我一台「Roadman」的黃色腳踏車，我欣喜若狂，十分愛惜這台腳踏車，總是將它擦拭得閃閃發亮。比起騎著它出門，我甚至花更多時間在擦拭它。而那時的我想要卻不可得的東西是「上才藝班」。因為其他同學都有學才藝，所以我也央求母親讓我去上課，但最後並未實現願望。

假如你已經不太記得以前曾渴望獲得哪些東西，可以試著用「聖誕老人送的禮物」、「生日」、「畢業紀念日」等關鍵字問一問自己。

除此之外，追求的東西也可以是地位、學歷、人際關係、金錢、工作、職業等無形之物。舉例來說，我有一位女性朋友看似人面很廣，卻一直找不到能夠真正交心的摯友。另一個朋友則是渴望能夠跟隨到一個模範上司或領導者。其他還有像是很想養貓、想組成自己的家庭等，各種不同的渴望。

為了幫助我們更容易想起現在和過去追求的「物質」、「事物」，請將前一個步驟的六大元素——Output（事業）、Mother Earth（家庭、人際關係）、Belongings（金錢、物質）、Tool（健康）、Input（學習、進修、證照）、New World（興趣）——當成回憶過去的線索。

假如真的想不起來，就嘗試把焦點放在第83～87頁所標記的據點、歸屬、曾發生的事，或是印象相對較深的時期。也可以先從最近五年、十年等較近的期間去回想，或者是以記錄在年曆上的人生里程碑當成起點，回憶小孩出生後、結婚後、就職後、高中畢業後、出社會後等重要階段。

5-1

回想自己曾經迫切渴望的「追求之物」

1 將以前「想要且已經獲得的東西」寫在便條紙，貼到百年曆中你獲得該物的年分及日期旁邊。為什麼想要這個東西？當初如何獲得它？花費多少努力才得到？很輕易就得到嗎？試著回想起當初的情形並記錄下來。

2 依照①的做法，將「渴望卻得不到的東西」寫下來。也請記錄你想要的理由，以及當初無法獲得的原因。

3 近十年來，有沒有曾經想要卻得不到，或是至今依然心心念念的東西？請把你追求那個東西的原因寫在便條紙上。

4 曾經獲得的那些事物屬於Output（事業）、Mother Earth（家庭、人際關係）、Belongings（金錢、物質）、Tool（健康）、Input（學習、進修、證照）、New World（興趣）這六種元素中的哪一種？請一併記錄。

以前的你曾經追求過哪些事物？

❶ 活到現在，你曾經「想要且成功得到的東西」是什麼？

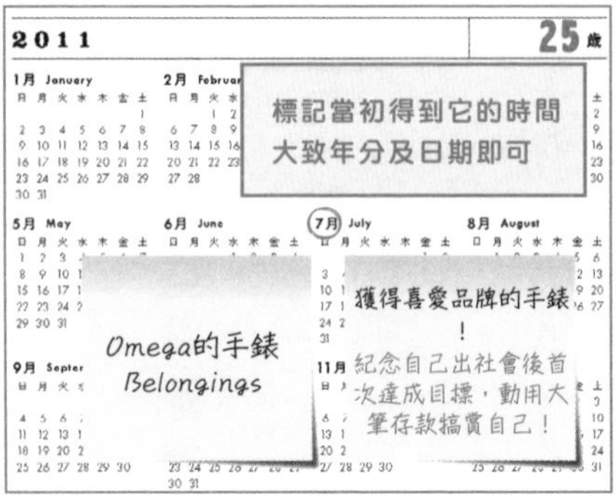
2011
25歲
Omega的手錶
Belongings
7月 July
獲得喜愛品牌的手錶！
紀念自己出社會後首次達成目標，動用大筆存款犒賞自己！

標記當初得到它的時間
大致年分及日期即可

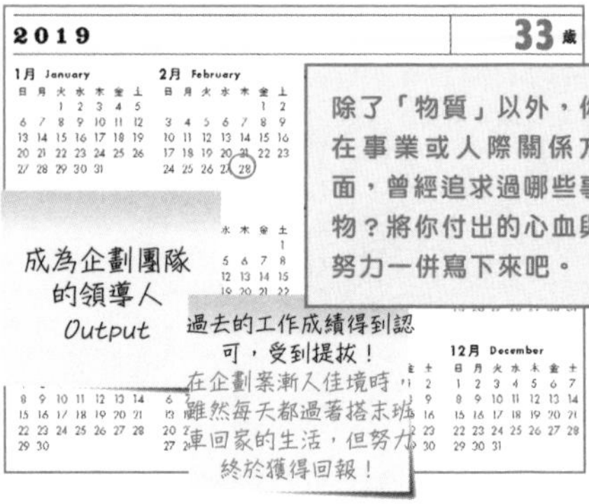
2019
33歲
成為企劃團隊的領導人
Output
過去的工作成績得到認可，受到提拔！
在企劃案漸入佳境時，雖然每天都過著搭末班車回家的生活，但努力終於獲得回報！

除了「物質」以外，你在事業或人際關係方面，曾經追求過哪些事物？將你付出的心血與努力一併寫下來吧。

❷ 曾經「渴望卻得不到的東西」是什麼？

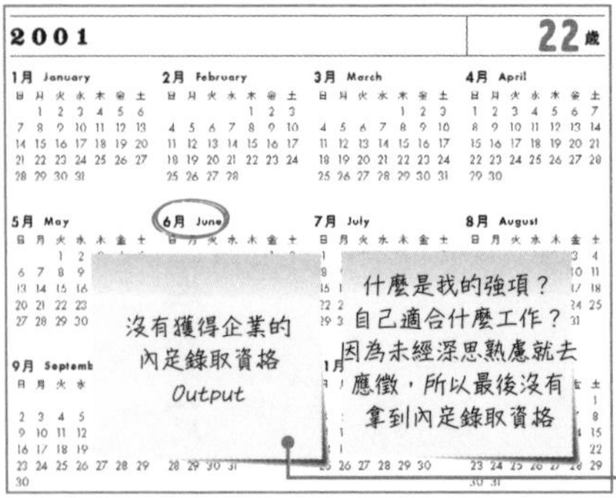
2001
22歲
6月 June
沒有獲得企業的內定錄取資格
Output
什麼是我的強項？自己適合什麼工作？因為未經深思熟慮就去應徵，所以最後沒有拿到內定錄取資格

為什麼追求這個東西？
為什麼最後沒有得到它？
這裡面隱藏著未來人生的線索！

不管是一項、兩項都無所謂！
假如想不起以前的事，
可以從近十年發生的事件開始回想。

❸ 哪些是你近十年曾經特別想要卻得不到，或現在依舊心心念念的東西？原因是什麼？

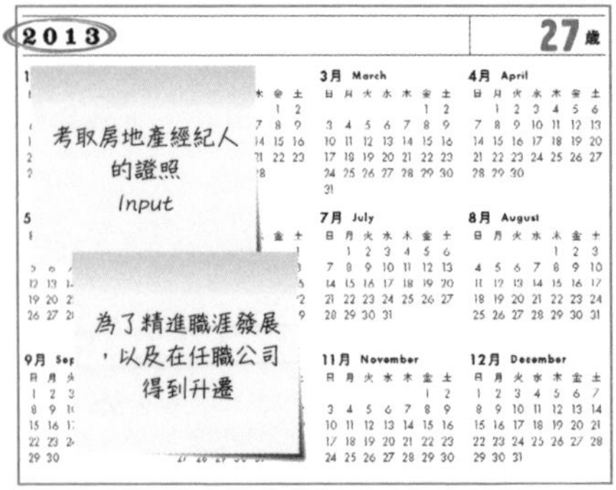
2013
27歲
考取房地產經紀人的證照
Input
為了精進職涯發展，以及在任職公司得到升遷

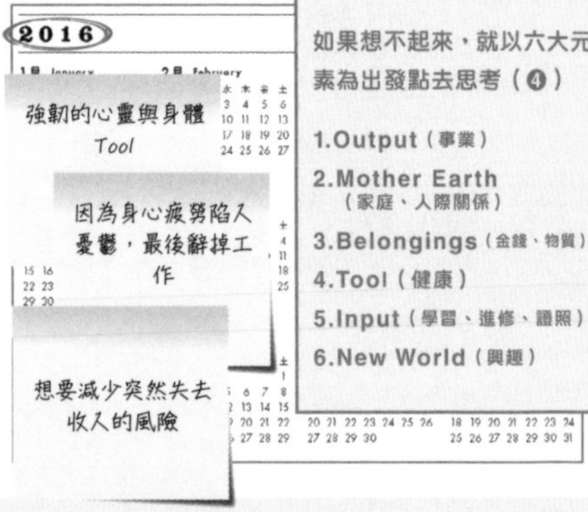
2016
強韌的心靈與身體
Tool
因為身心疲勞陷入憂鬱，最後辭掉工作
想要減少突然失去收入的風險

如果想不起來，就以六大元素為出發點去思考（❹）

1. Output（事業）
2. Mother Earth（家庭、人際關係）
3. Belongings（金錢、物質）
4. Tool（健康）
5. Input（學習、進修、證照）
6. New World（興趣）

5-2

決定未來想要獲得的事物

翻開你在前一個步驟貼在百年曆的便條紙，上面記錄的所獲得之物、未獲得之物對你而言具有什麼意義？

1 一邊查看步驟5-1的「已獲得」及「未獲得」之物，再從百年曆上用麥克筆標記的「未來可運用時間」之中，想想你是否有追求的目標。如果有，請在便條紙上做記錄。

2 不用管過去的事，專注思考「你現在想要的東西」並做筆記。

建議①、②加起來不要超過十項，也別忘記附註想要的原因。

除此之外，請觀察你追求的這些東西，是否有屬於第108頁的步驟裡，未來想增加佔比的人生元素。任何你「想要」的東西都可以寫下來，也要記得標記該事物是否屬於六大人生元素之一。

透過未來的「可運用時間」，尋找你想得到的東西

❶ 從上個步驟的「想要且成功得到的東西」、「渴望卻得不到的東西」，找出你未來想得到的事物。

高中時期很想得到，
卻沒有獲得的東西

語言能力
Input

父母買給我的回憶
繪本
Belongings

五歲時得到的東西

五年前曾經搞壞身
體。自己未能得到
的東西

早晨能夠
神清氣爽地
起床的健康身體
Tool

❷ 暫時忘掉以前追求的事物，以歸零狀態重新思考現在想要的東西。
❶、❷加起來請不要超過十項。
另外也試著尋找哪些事物屬於你
在步驟4-2預定要加強的人生元素。

為什麼曾經想要它？
為什麼當時未能獲得？
這些問題也要一併思考。

從零開始思考
你想要的東西

一直很想做在地振興的工作 Output	想要回報養育自己長大的家鄉
語言能力 Input	就讀高中時曾經想要出國留學，但是未能實現願望，想再挑戰一次
父母買給我的回憶繪本 Belongings	現在仍是自己最喜歡的書，所以想留在身邊
位於郊區，經過重新裝修的時髦住宅 Belongings	想在閑靜又放鬆的精緻空間裡生活
打造優美的庭院 New World	不想要現在這種狹小的陽台，而是可以在自家種植蔬果的大庭院
早晨能夠神清氣爽地起床的健康身體 Tool	身體就是資本，想重新整頓健康狀態

屬於步驟4-2預定加強的Belongings項目

5-3

設下預計達成目標的截止日？

在前一個步驟，我們已決定好未來要得到的東西。
那麼，你想在什麼時候達成目標呢？

1 標記預計達標的歲數、年分或日期，在各自的位置旁貼上對應的便條紙。

2 如果沒辦法快速達標，需要執行哪些行動才能成功？為了在①訂定的日期確實達成目標，現在應該進行什麼計畫？
請將接下來能做的事項當成第一步驟，貼在今天的日期附近。

3 接下來的第二步驟能做什麼？什麼時候要執行？請將便條紙貼在預定執行的月份、星期或日期旁邊。

4 再接下來的第三步驟能做什麼？什麼時候要執行？請將便條紙貼在預定執行的月份、星期或日期旁邊。

（ 為了取得想要的事物，應該在何時採取哪些行動？ ）

❶ 標記未來預定達標的時間點，貼上註記的便條紙。

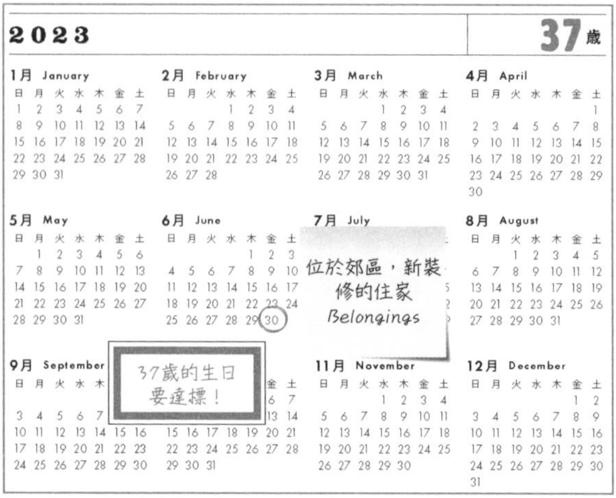
2023
37歲
位於郊區，新裝修的住家
Belongings
37歲的生日要達標！

❷❸❹

想要在指定日期確實達成目標，今天起應採取哪些行動？請把能夠執行的項目分成幾個步驟，記錄到百年曆上。

專注於思考
「現在起能做的事」

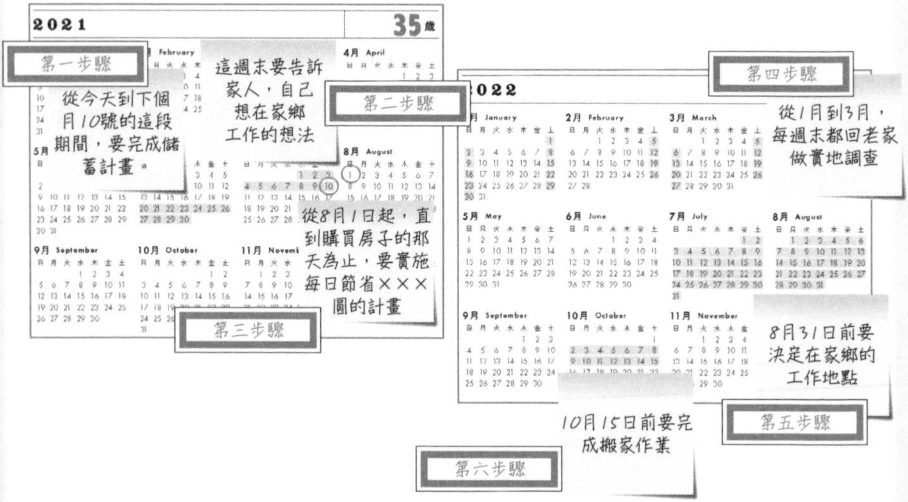
2021
35歲
第一步驟
從今天到下個月10號的這段期間，要完成儲蓄計畫。
這週末要告訴家人，自己想在家鄉工作的想法
第二步驟
從8月1日起，直到購買房子的那天為止，要實施每日節省×××圓的計畫
第三步驟
2022
第四步驟
從1月到3月，每週末都回老家做實地調查
8月31日前要決定在家鄉的工作地點
第五步驟
10月15日前要完成搬家作業
第六步驟

5-4

列出在未來清單上想要重複達標的事

現在我們要改變切入點，思考有關「想要重複達標」的事項。

我在第65頁曾舉例問大家「這些事還能再做幾次？」請以這個觀點為基準，依循探究六大元素——Output（事業）、Mother Earth（家庭、人際關係）、Belongings（金錢、物質）、Tool（健康）、Input（學習、進修、證照）、New World（興趣）。

1 每日、每週、每月、每年，什麼是你一直重複追求的目標？請你寫在便條紙上。項目過多會提高實現的難度，建議列舉一到三項即可。

2 關於重複的頻率、原因，以及未來會持續這種狀態多久，請一併寫入①的便條紙。

3 在年曆上註記②所訂定的頻率及「期限」，以免自己忘記。

4

假設這個目標和步驟5-3相同，有重複達標的困難性，或是沒辦法立刻實現，必須採取什麼行動才能完成目標？

為了在預定日期確實達標，現在應該執行什麼計畫？

將行動計畫分成三個步驟，在便條紙上記錄你從現在起能做的事。

5

標記開始執行④的時間點，並在各個日期附近貼上註記的便條紙。

每日、每週、每月、每年——
什麼是你想一直重複達成的目標？

❶❷ 請列舉一到三項想要「重複達標」的事物以及「預期頻率」，也要寫下未來想持續執行的時間。

準備護理師證照考試
的讀書時間

每週末讀書3小時
目標考取護理師證照
到明年2月17日為止

每個月
存到10萬圓

目標存到買房基金
到3年後的12月底為止

每年出國旅行2次

想趁年輕去許多
國家觀光
到5年後的生日為止

❸ 在年曆上註記「截止時間」、「預定頻率」，以免自己忘記。

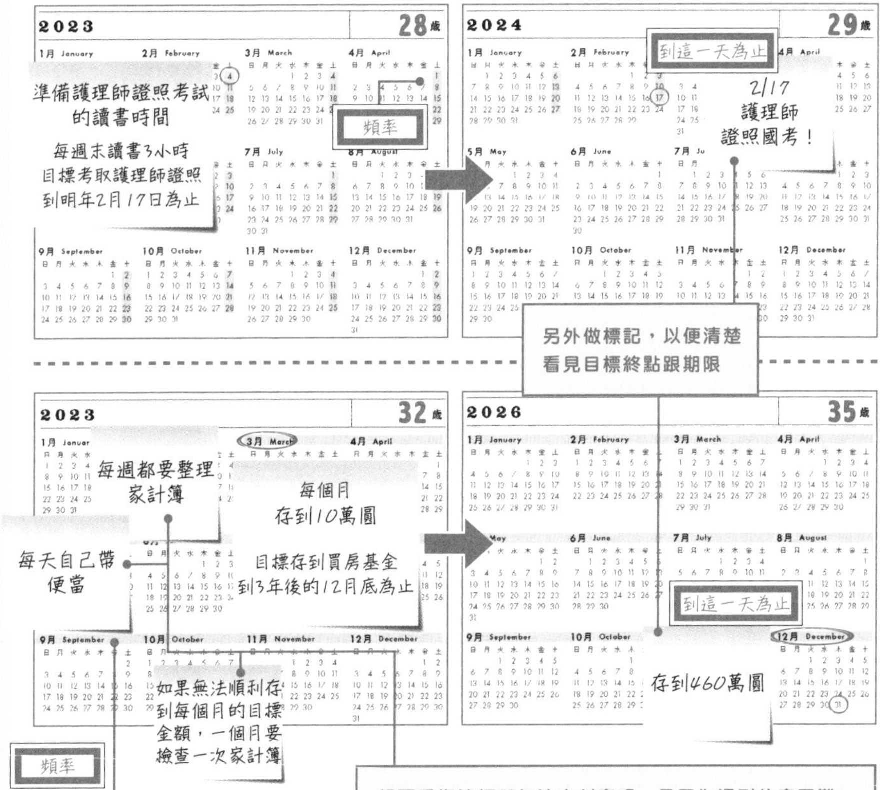

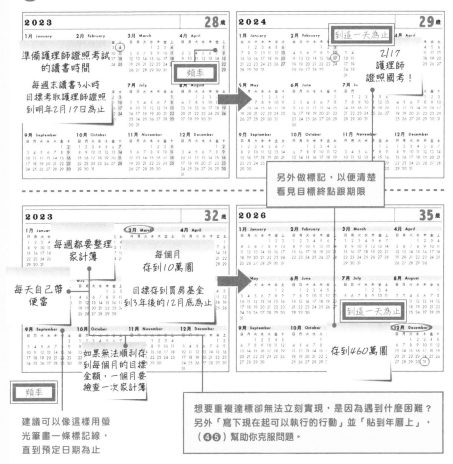

2023 28歲
準備護理師證照考試
的讀書時間
每週末讀書3小時
目標考取護理師證照
到明年2月17日為止
頻率
2024 29歲
到這一天為止
2/17
護理師
證照國考！
另外做標記，以便清楚
看見目標終點跟期限
2023 32歲
每週都要整理
家計簿
每個月
存到10萬圓
目標存到買房基金
到3年後的12月底為止
每天自己帶
便當
如果無法順利存
到每個月的目標
金額，一個月要
檢查一次家計簿
頻率
2026 35歲
到這一天為止
存到460萬圓

建議可以像這樣用螢
光筆畫一條標記線，
直到預定日期為止

想要重複達標卻無法立刻實現，是因為遇到什麼困難？
另外「寫下現在起可以執行的行動」並「貼到年曆上」，
（❹❺）幫助你克服問題。

活出真正意義的「富有」人生

你有好好珍惜重要的人事物嗎？這個問題貌似稀鬆平常，但如果不曾深入思考何事對自己重要，或一直視為理所當然，反而會迷失真正該珍惜的事物。

本步驟會引導你找到曾經或現在想要的事物。即使是「實質物品」，背後也藏著這樣物品能夠為你帶來的價值與體驗。

以生日禮物為例，它的意義不只是收到的東西本身，同時也代表自己跟送禮對象之間的情感，有人為自己的出生感到開心，或是想向父母傳達感謝的心意，這都是人生中很重要的事情。

如果有人對西裝、手錶、鞋子格外講究，定期量身打造，這也象徵著他認為自己已經成為能夠匹配這些物品的人，或是希望藉由這些物品更貼近自己的理想形象。

至於無形的事物，如身份歸屬、證照、地位等等，我希望大家能回到原點，從當時想得到它的理由及「自己心中真正想法」的視角重新檢視。有些人會將自己未能實現的希望寄託在家人身上，但這即使是出於「為他們好」的想法，實際上也不一定是對方真正追求的東西。

這是我們自己的人生。

請回到本身渴望且能夠親自實現願望的原點，重新檢視自己。

我四十歲時到美國佛羅里達州的奧蘭多出差，當時有一位女性突然對我說：「大住先生，我其實是個很富有的人。」

我對她突然冒出的這句話感到疑惑，忍不住觀察了她的穿著打扮，看起來並不像是特別有錢的人。她大概從我的反應看出我心中的想法，一邊做出數鈔票的手勢告訴我：「大住先生，你誤會了，我說的富有並不是指金錢，而是這裡。」她用手指咚咚地輕敲胸口。

「Rich」真正的意思是「良善、溫暖、深度」。本書提到的富有不是指持有大量金錢財物，而是心靈的富饒，這是那位女士教會我的事。

你有活出「富有」的人生嗎？

在未來的日子裡，如果能得到心中渴求的事物，將會對你產生什麼影響？

It takes people to make the dream a reality.

夢想是由人來實現。

Step 6 改變人生走向的際遇與邂逅

接下來我們將焦點從「事物」轉移到「人」身上，回顧自己的人生故事，並擬定未來前進的方向。此部分跟六大元素裡的「Mother Earth（家庭、人際關係）」有深刻關聯。

「因為曾經受到那位老師的稱讚，我才變得很會寫文章。」

「多虧護理師細心照料母親直到最後一刻，我的內心因此獲得救贖。」

「兒子出生了，想要從事不會讓他感到丟臉的工作。」

「雖然很討厭囂張又嚴格的上司，但是他的確教會我很多事情。」

人，是人生故事裡的最大主軸。

從懵懂的幼兒，一路到成為學生、社會人士，我們肯定曾經遇見各式各樣的人。正因為有這些人的存在，才能在當時產生特別的體驗，成為形成「現在」的契機。

- **朋友**
- **曾經愛慕、深愛的人**
- **畏懼的人**
- **憧憬的人**
- **保護自己的人**
- **競爭對手**

諸如此類，人只要活著，就不可避免會遇到許許多多的人。請以曾經相遇過的人為核心，勾起過去的記憶。

另一個重點是「感謝」的心情。

有哪些人讓你覺得「多虧當初有他，我才能達成目標」？

他們帶給你什麼影響？

當然，除了感謝之外，我們心底也會湧現各種情緒，例如愧疚、憤慨、希望對方聽自己解釋、想要嚴厲質問對方、反問對方問題、想讓對方刮目相看……不過，我們現在不要把重點放在怨懟、憎恨等負面情感，而是放到正向的感受上，從「多虧有他」的視角來鎖定目標。

也許以前和對方相處時痛苦萬分，做夢也想不到有一天會「感謝」他。卻在時至今日，才發現那段經歷早已昇華成無盡的感恩之情。因此，就算是當時很討厭的人，現在也請暫且以「應該感謝之人」的心態去回憶。

「話說得倒是好聽，我死也不會原諒他」——當然也有可能出現這種情況，請不要勉強，繼續抱持這種想法也沒關係。關於這部分，我會在第16頁的第九步驟帶大家重新回憶。

6-1

回顧至今以來記憶深刻的際遇

1 回溯時光，聚焦在印象深刻的人，標記當初認識的時間，寫下對方的名字。想要記錄很多人，或是和自己關係親近的家人也可以。即使對方只是剛出生的小嬰兒，也是很寶貴的緣分。如果一時想不出來，可以參考第頁81～91頁提出的生活據點、身份歸屬、事件經歷、人生轉捩點來輔助回憶。

2 在便條紙中記錄下述內容：

- 當初的際遇帶給如今的自己什麼影響
- 自己有什麼樣的改變
- 感謝對方的理由（為何認為那是好的際遇）

寫完之後貼到①標記的日期旁邊。

追溯至今為止的「人生際遇」

❶❷ **標記「和印象深刻的人相遇」的時間點，在便條紙上註記對方的姓名、受到的影響，以及因為對方出現產生的改變。**

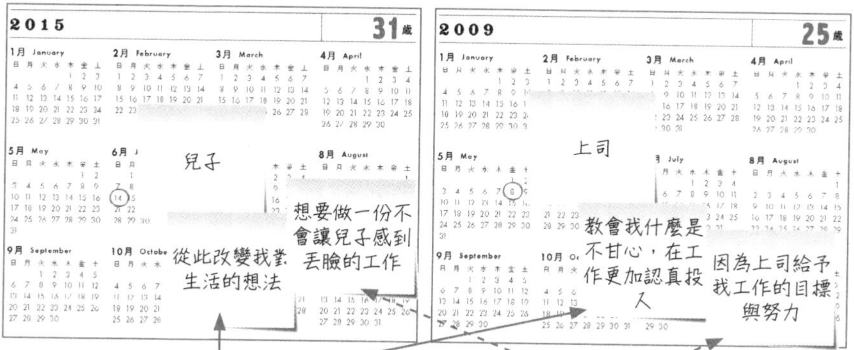

2015 31歲
兒子
從此改變我對生活的想法
想要做一份不會讓兒子感到丟臉的工作
2009 25歲
上司
教會我什麼是不甘心，在工作更加認真投入
因為上司給予我工作的目標與努力

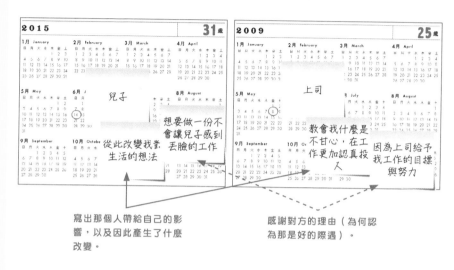

寫出那個人帶給自己的影響，以及因此產生了什麼改變。

感謝對方的理由（為何認為那是好的際遇）。

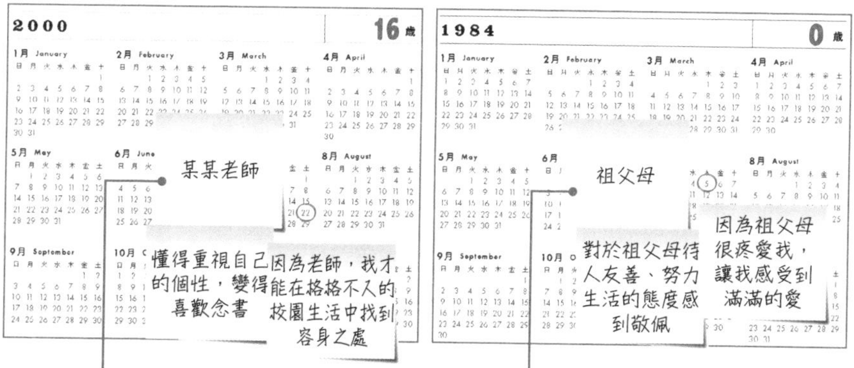

2000 16歲
某某老師
懂得重視自己的個性，變得喜歡念書
因為老師，我才能在格格不入的校園生活中找到容身之處
1984 0歲
祖父母
對於祖父母待人友善、努力生活的態度感到敬佩
因為祖父母很疼愛我，讓我感受到滿滿的愛

寫很多人，或是只寫關係親近的家人、朋友都沒關係！

放在心上的「某人」，將帶來強烈的使命感

在你心中，人生至今有多少重要的相遇？數量多寡都好，哪怕只有一個人也沒關係。

或許你已經實際感受到那段緣份在你身上發生的變化（影響）。以前關照過自己的人、重要到無可取代的人，或者並非全是美好回憶，但在記憶中留下深刻印象的人……透過回想這些際遇，能幫助我們發揮更大的能量，衍生出行動的動力。請仔細觀察你和人們之間一對一的相互關係。

假設未來想變得有能力回饋對方，那你應該為此做些什麼？

如果要以某個人為目標，或是把對方當成反面教材，想要拿出比他更優越的成績，你又該為此採取什麼行動？

透過想起「某人」，能夠觸發心裡頭的「want（欲求）」跟「will（決心）」，產生強大的使命感——「mission（使命）」跟「power（力量）」。

6-2

列出未來希望持續下去的關係與相處模式

從步驟6-1列舉的人物裡，挑出往後人生「會再見面」或「想再見面」的人，找出你想和對方建立的關係模式，以及想共同度過怎樣的時光。有些人明明想著「總有一天要再見面」，卻放任時光年年流逝，現在，正是重新認真面對這件事的時候了。

同時也請大家想一想，你是否想和對方多相處幾次？請以前面第65頁提出「這些事還能再做幾次？」的問題為依據，思考問題的答案。

1 列舉出未來「想再見面」或「會再見面」的對象後，把自己想和對方建立的關係及相處模式記錄於便條紙。假設有想要傳達的情感，或是希望有天能回報對方的想法等，也一併寫下來。

2 未來何時可以成功建立①的關係，和對方共度理想時光？圈出預定日期，在旁邊貼上便條紙。

3

想做到①跟②，需要採取哪些行動？要在②的預定日期實現的話，從現在起應該做哪些事？

把現在開始能做的事情寫入便條紙，貼在今天的日期旁邊。

4

第二步驟、第三步驟……你能夠照順序執行哪些事？何時開始執行？

請把便條紙貼在預定開始行動的日期或星期旁邊。

5

為了實現①、②的目標，每週、每月、每年……你想和對方重複度過怎樣的時光？連同你希望見面的頻率、原因、要持續到未來什麼時候，全都寫進便條紙裡。

❶❷ 對於步驟6-1「想再見面」或「會再見面」的對象，把自己欲建構的關係及相處模式寫在便條紙上，並預定「成功建立關係」的日子。

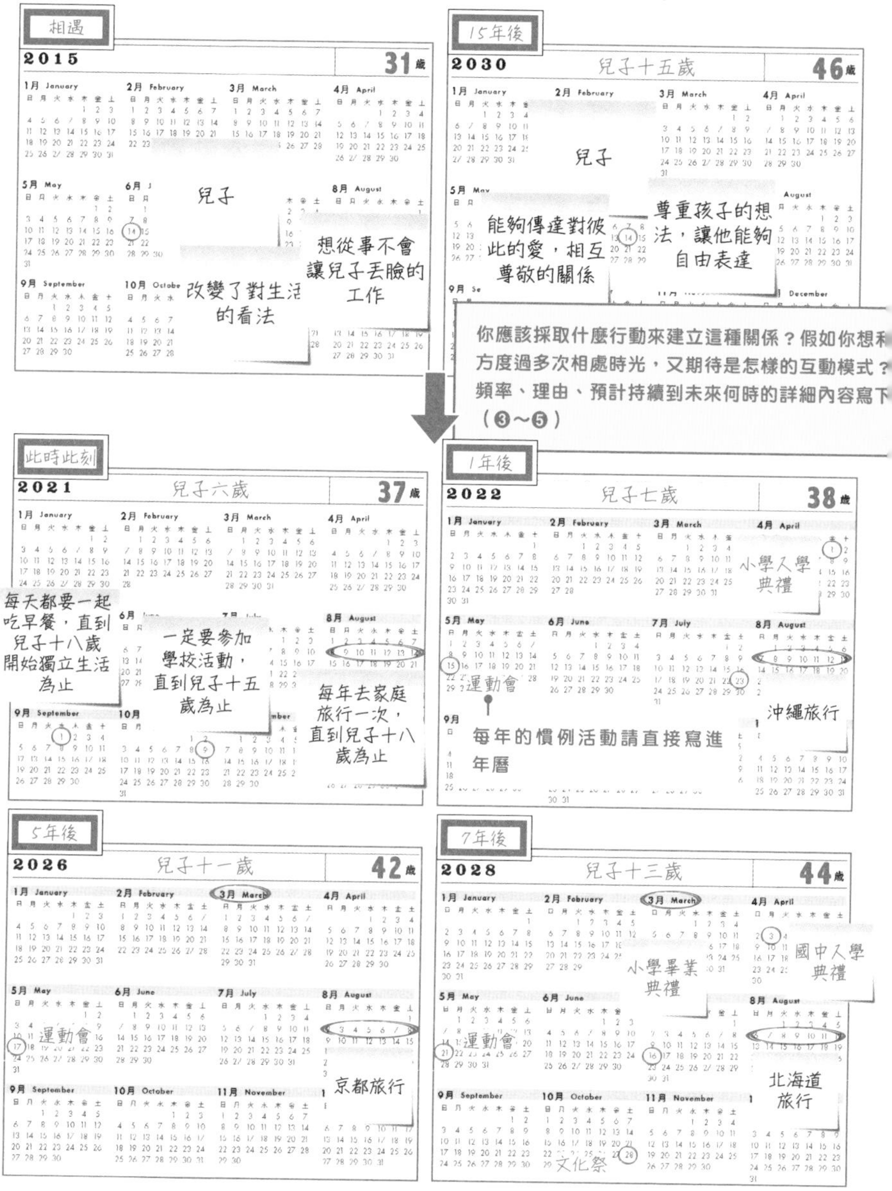
相遇
2015
31歲
兒子
想從事不會讓兒子丟臉的工作
改變了對生活的看法
15年後
2030
兒子十五歲
46歲
兒子
能夠傳達對彼此的愛，相互尊敬的關係
尊重孩子的想法，讓他能夠自由表達
你應該採取什麼行動來建立這種關係？假如你想和對方度過多次相處時光，又期待是怎樣的互動模式？頻率、理由、預計持續到未來何時的詳細內容寫下（❸～❺）
此時此刻
2021
兒子六歲
37歲
每天都要一起吃早餐，直到兒子十八歲開始獨立生活為止
一定要參加學校活動，直到兒子十五歲為止
每年去家庭旅行一次，直到兒子十八歲為止
1年後
2022
兒子七歲
38歲
小學入學典禮
運動會
沖繩旅行
每年的慣例活動請直接寫進年曆
5年後
2026
兒子十一歲
42歲
運動會
京都旅行
7年後
2028
兒子十三歲
44歲
國中入學典禮
小學畢業典禮
運動會
北海道旅行
文化祭

透過緣分際遇分析「理想的自己」

我們在這一生中相遇的人，可能關係疏遠，可能再也不會見面，也可能時時刻刻都在身邊。雖然每個人的情形不同，但我仍想跟各位分享一個例子，是關於人與人在無意中相遇，卻意外改變未來的例子。

有一位女性透過百年曆回顧過去時，想起學生時期曾經在國外遇到的少女，因此間接翻轉了她與弟弟的關係。

這位女性一直希望能夠跟弟弟融洽相處，卻始終無法如願，她認為問題完全出在弟弟的身上。可是當她想起那位在旅行中遇見的少女，雖然身患嚴重疾病，卻依然對自己的弟弟關心呵護時，她突然驚覺，原來是她本身不願意妥協，心裡總是把自己放在第一順位，才會不斷跟唯一的弟弟發生衝突。後來，她選擇和那名少女一樣，想辦法加深與家人間的關係，從當下開始改變彼此的相處模式。

6-3

從「不想再見」的人中，看到更理想的自己

現在要把焦點轉移到步驟6-1列舉的名單中，「不會再見面的人」。我們在未來的日子裡，肯定有再也不會見到的人、不想再見到的人，或是只想保持疏遠距離的人。請以這些人為軸心，想一想往後應該安排什麼行動計畫。

1. 名單裡無法再見面的人之中，有沒有你想傳達訊息的對象？你想傳達什麼訊息？請寫在便條紙，貼在今天的日期附近。
2. 請記錄那些儘管不會再見面，卻仍然景仰、或者認為是反面教材的對象，藉此描繪出理想的自己。
3. 決定②「成為理想的自己」的日期並留下標記，將②的便條紙貼在旁邊。
4. 假如很難達成②的理想形象，該怎麼做才好？要在預定日期實現的話，現在起應該做哪些事？以現在為起點，把此刻開始能做的事情分成數個步驟，貼在今天的日期附近。

剖析「不會再見面的人」，建構未來的理想自我

❶ 仔細回想步驟6-1列舉名單中「不會再見到的人」，寫下想傳達給他的訊息，貼在今天的日期附近。

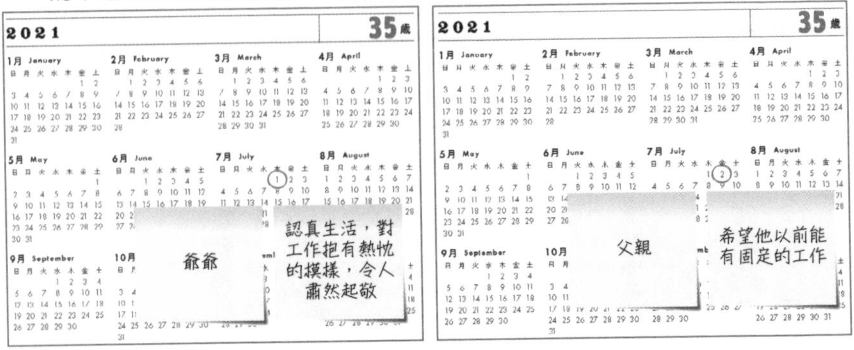

2021 35歲
爺爺
認真生活，對工作抱有熱忱的模樣，令人肅然起敬
2021 35歲
父親
希望他以前能有固定的工作

❷❸ 無論是視對方為模範或者負面教材，請透過他們來描繪自己想成為的理想模樣，把想法寫下來，然後決定好「成為理想自己」的日期。

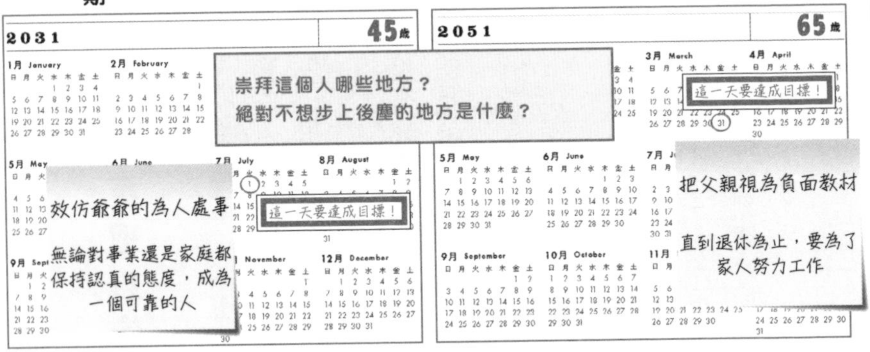

2031 45歲
崇拜這個人哪些地方？
絕對不想步上後塵的地方是什麼？
效仿爺爺的為人處事
無論對事業還是家庭都保持認真的態度，成為一個可靠的人
這一天要達成目標！
2051 65歲
這一天要達成目標！
把父親視為負面教材
直到退休為止，要為了家人努力工作

❹ 今天能做的事、下一步能做的事、再下一步能做的事……列出為了在「預定日期」成為「理想自己」所能付出的行動。

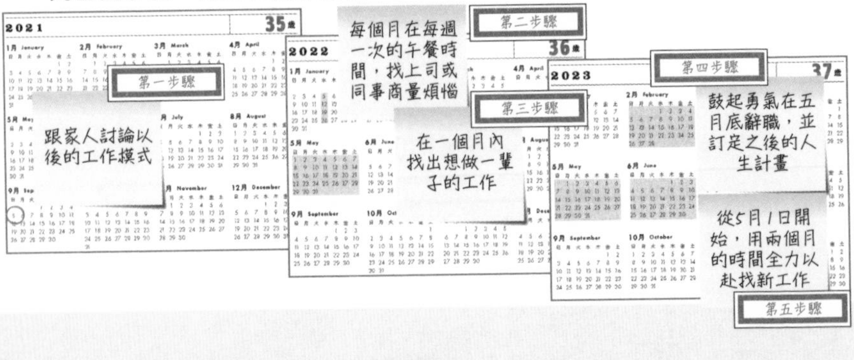

2021 35歲
第一步驟
跟家人討論以後的工作模式
2022 36歲
每個月在每週一次的午餐時間，找上司或同事商量煩惱
第二步驟
第三步驟
在一個月內找出想做一輩子的工作
2023 37歲
第四步驟
鼓起勇氣在五月底辭職，並訂定之後的人生計畫
從5月1日開始，用兩個月的時間全力以赴找新工作
第五步驟

別說「want」，要堅定說出「will」！

華特迪士尼二十三歲時，曾在筆記本上寫下這句話：

Most Happiest Place on Earth.
我要打造地球上最幸福的地方。

據說這就是迪士尼樂園的起源。他直到五十四歲才達成這句話訂定的目標，也就是說，他總共花了三十一年才實現夢想。

他用的說法是「我要打造地球上最幸福的地方」，而不是「我想打造」。換句話說，不是want，而是will。因為want潛藏放棄的可能性，will更能夠表達決心，最後他也確實成功打造出留名後世的偉業。

為求達成目標而訂定的行動計畫，分別有「預測（Forecasting）」跟「回溯（Backcasting）」兩種做法。

「預測法」是以當下的狀況推想未來的情況，並擬定計畫，藉此達成目標。也就是以目前的現況為考量進行規劃、修正，以達到最終目標。

而「回溯法」恰好相反，是先決定目標位置，再由此逆推出現在的行動。換句話說，「回溯法」是先決定終點再決定做法的方式。

本書的內容全都是採用「回溯法」的思考模式。

因此當我們在百年曆上記錄未來的目標，並在過程中慢慢堆疊預定計畫時，請堅定說出「我要……（will）」，而不是「我想……（want）」。

用「我要成為這樣的人」的說法來表達，而不是「我想成為這樣的人」。你也可以用過去式，例如「我已經成為這樣的人」。

「過35歲生日後，我每年都要成為這樣的人」

「某年某月，我要跟恩師見面，並傳達對他的感謝」

這些都是相同的範例。

從腦海中「我要成為這樣的人」的目標反向逆推，「現在開始」安排的計畫，執行能夠幫助目標實現的行動。現在起，就能馬上改變做法！

人生難免有失敗的時刻，我們無法一步登天，很多時候也會碰到無能為力的事情。但是，時間永遠不會停止流動。如果任憑時光流逝，停止思考，甚至連身體也停止動作，結果終將是一無所得。

Now or Never.
「現在」是唯一的機會。

They are not afraid to be delighted with simple pleasures, and they have a degree of contentment with what life has brought – sometimes it isn't much, either.

他們不怕因微小的幸福歡喜，為人生的際遇滿足——即使有時候擁有的東西並不多。

Step 7

從過去的快樂，連結到未來的喜悅

什麼事會讓你感到快樂、開心、雀躍？

在這個步驟中，我們將著重討論至今為止「曾經感到開心的事」，並試著挑戰在未來增加更多「快樂」的經驗。

換句話說，我們要學習安排幸福的時間。

帶來充實感的事、一想起就忍不住微笑的事、感動到熱淚盈眶的事、開心到無以復加的事……

哪些時刻曾打動你的心？

哪些時刻曾觸發你內心的感動？

這部分跟第三步驟回顧印象深刻的事情有些雷同，以人生的六大元素當成鑰匙，喚起從前的快樂記憶。

比如說，你可以從第六步驟的重點——Mother Earth（家庭、人際關係）回顧自己與同事、家人、朋友間常共度的時光，像是跟家人到戶外愜意散步、認識新朋友等。或是以前經常做，現在卻沒辦法再繼續的事。若以New World（興趣）為出發點，可能是觀賞舞台劇、看書、縫製衣服這些興趣嗜好。如果從Output（專業）切入，有可能是團隊共同激發創意、同心協力推動計畫的一體感……這些都是工作上會帶來快樂的事。

不必在意事情的大小，試著去回想日常生活中的感動與快樂。

觀察過去帶來快樂的事物，將大幅影響往後人生的「資源分配」。所謂的資源是指我們的心靈、身體、金錢以及時間。我們必須決定哪一些事是人生的重心，才能選擇要為哪些事投入心靈、身體、金錢與時間等資源。

7-1

挖掘過往被掩蓋的快樂記憶

1 在便條紙上記錄曾經帶來快樂、感動、開心的事情。
從記憶深處挖掘出曾令我們快樂、開心、充實、感動、有成就感、欲罷不能的事情。

2 在①的便條紙上備註原因和現在的感想。
同時也要標註屬於六大元素的哪一類。如果現在已經無法再辦到同樣的事，也請寫下來。

3 在年曆上標記以前發生這些事的時間，或是開始執行某個計畫的時間，再把②的便條紙貼在旁邊。

〈範例〉
親眼見到令人激動的美景、看了一部畢生難忘，充滿強烈衝擊感的電影、和孩子們一起做點心、一口氣看完整套漫畫……

你有過哪些快樂、開心的時光？

❶❷❸

做什麼事會讓你感到單純的快樂？
標記那些事發生的時間點，
並把便條紙貼在旁邊。

為什麼開心？為什麼感動？為什麼快樂？
這背後藏著未來人生的線索。

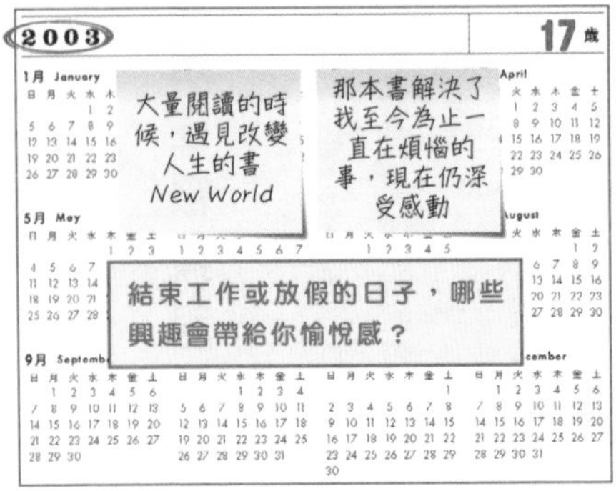

2003
17歲
大量閱讀的時候，遇見改變人生的書
New World
那本書解決了我至今為止一直在煩惱的事，現在仍深受感動
結束工作或放假的日子，哪些興趣會帶給你愉悅感？

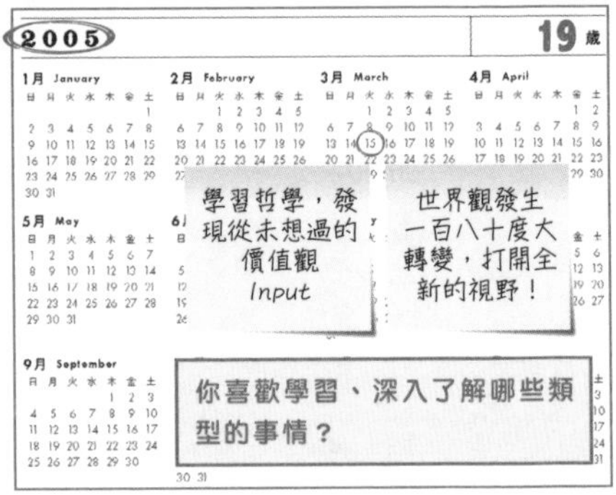

2005
19歲
學習哲學，發現從未想過的價值觀
Input
世界觀發生一百八十度大轉變，打開全新的視野！
你喜歡學習、深入了解哪些類型的事情？

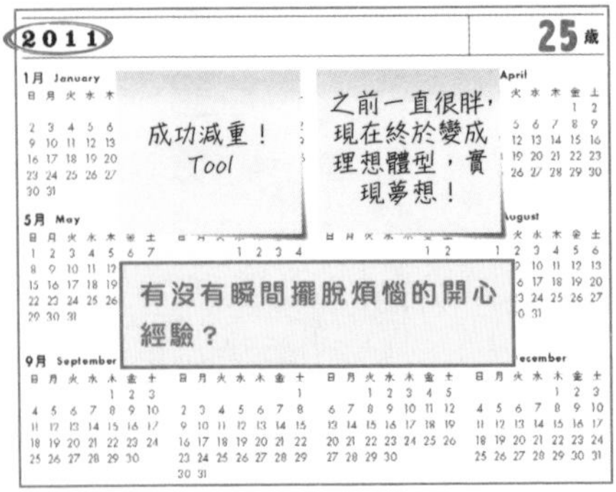

2011
25歲
成功減重！
Tool
之前一直很胖，現在終於變成理想體型，實現夢想！
有沒有瞬間擺脫煩惱的開心經驗？

2015
29歲
女兒出生
Mother Earth
遇見會深愛一輩子的寶貝
有遇過因為與他人關係變緊密而快樂的事嗎？

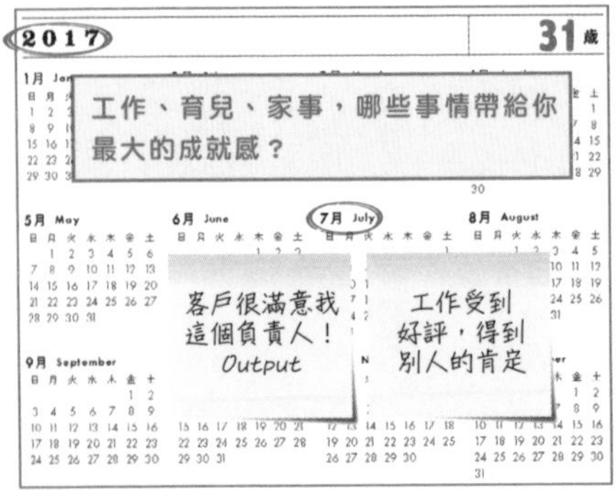

2017
31歲
工作、育兒、家事，哪些事情帶給你最大的成就感？
客戶很滿意我這個負責人！
Output
工作受到好評，得到別人的肯定

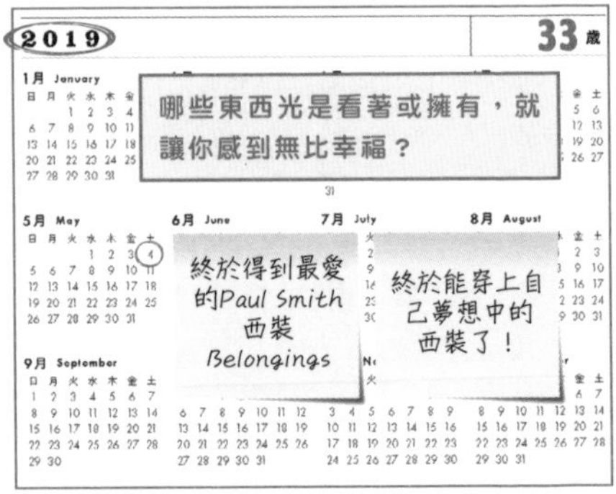

2019
33歲
哪些東西光是看著或擁有，就讓你感到無比幸福？
終於得到最愛的Paul Smith西裝
Belongings
終於能穿上自己夢想中的西裝了！

厭惡又毫無意義的時間，每一刻都是浪費

聚焦在快樂與感動的記憶時，有時也會連帶讓其他往事跟著浮上檯面。那就是令人討厭、痛苦的時刻。

好好了解是哪些時光帶來這樣的心情，並在未來的日子裡設法減少類似經歷，避免再度陷入低潮，改變自己的行為模式。

順帶一提，我也有許多厭惡、棘手的事，例如購物、釣魚、電玩、一些漫無目的群聚。這些討厭的時間是人生中「浪費的時光」。毫無意義的時間，每一分一秒都是人生最大的損失。

請跟著下一個步驟列出討厭的事，並宣示從此與它們不相往來吧。

7-2

1 列舉不想再次經歷的厭惡體驗

在步驟7-1列舉快樂往事的同時，腦中是否也浮現出曾經感到討厭或棘手的時刻？請填寫在後面的表格裡。

做這件事的時候，你感到：

- 心情沉悶
- 精神散漫
- 內心焦躁
- 坐立難安

諸如此類的負面感受。

感到厭煩的事項列表

□
□
□
□
□
□
□
□
□
□
□
□
□
□
□
□
□

請誠實面對自己的心情，照實填寫。

7-3

增加未來清單中的快樂比例

回想過去帶來快樂或厭惡的經驗，思考我們在未來的哪一個人生階段，希望增加什麼樣的快樂？什麼時候要為自己創造那樣的快樂？為什麼需要這些時光？現在就是決定哪些事物會為我們帶來感動、幸福的時候。

1 在步驟7-1試著回憶的快樂往事中，哪一些經歷最讓你難忘？或是帶來最強烈的快樂與感動？請選出三到五項。

2 以①選出的項目為參考基準，在便條紙上記錄未來想要繼續感受到的快樂與感動，以及在接下來的「可運用時間」裡，應該加強哪些事情的佔比。

3 每日、每週、每月、每年……將預定重複執行的頻率也一併寫入②的便條紙，包含這麼做的原因，以及預計從「何時開始」至「何時結束」。

4 在年曆上標記③決定好的頻率次數、「何時開始」至「何時結束」，並在作為起點的「開始日」旁邊貼上②的便條紙。

想要在未來增加的「快樂時光」

❶❷ 在步驟7-1回想的快樂往事中，選出三到五項特別難忘，並且希望再次經歷的事，記錄於便條紙上。

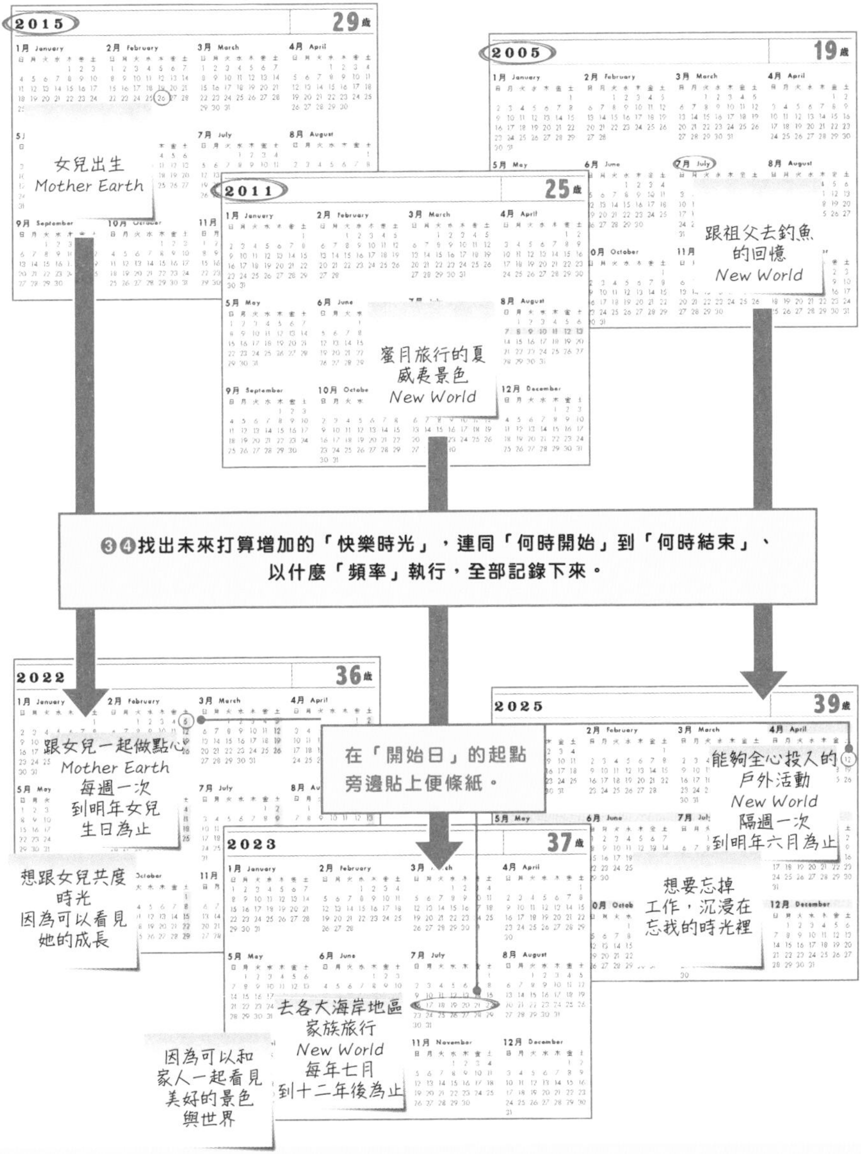

2015
29歲
女兒出生
Mother Earth
2005
19歲
跟祖父去釣魚
的回憶
New World
2011
25歲
蜜月旅行的夏
威夷景色
New World
❸❹找出未來打算增加的「快樂時光」，連同「何時開始」到「何時結束」、
以什麼「頻率」執行，全部記錄下來。
2022
36歲
跟女兒一起做點心
Mother Earth
每週一次
到明年女兒
生日為止
想跟女兒共度
時光
因為可以看見
她的成長
在「開始日」的起點
旁邊貼上便條紙。
2025
39歲
能夠全心投入的
戶外活動
New World
隔週一次
到明年六月為止
想要忘掉
工作，沉浸在
忘我的時光裡
2023
37歲
去各大海岸地區
家族旅行
New World
每年七月
到十二年後為止
因為可以和
家人一起看見
美好的景色
與世界

7-4

從現在開始執行的「快樂增值計畫」

你現在應該做什麼，才能夠實現步驟7-3增加快樂感的目標，或是確保能夠擁有那些時間？請參考第147頁「感到厭煩的事項列表」，思考你的答案。

1 為了確保能夠擁有步驟7-3列舉的「感受到快樂的時光」，請將你現在能夠做的事情，以「為了增加〇〇時間，何時開始執行計畫，要做些什麼」記錄於便條紙。最重要的部分是「何時執行」，比如「明天開始」或「這週開始」，並以「定期執行」的角度看待此事。

〈範例〉

・增加閱讀時間，下週開始，每週三準時下班
・每年十月安排露營，年初就先訂好整年的大致行程
・每年一月決定想去哪個海邊旅遊，事先預約

2 將①的便條紙貼在年曆上定為起點的「開始執行日」附近。

有助於增加快樂時光的事

❶❷ 為了確保能夠擁有並增加步驟7-3列舉的「感受到快樂的時光」，你現在能夠做哪些事情？

①	②	③	④
家族旅行 遊覽各大海岸地區	跟女兒一起做點心	看舞台劇	能夠全心投入的戶外活動、興趣時間
每年七月	每週一次	每個月一次	隔週一次

以「為了增加〇〇時間，何時開始執行計畫，要做些什麼」做記錄

① 每年七月，去各大海岸地區家族旅行

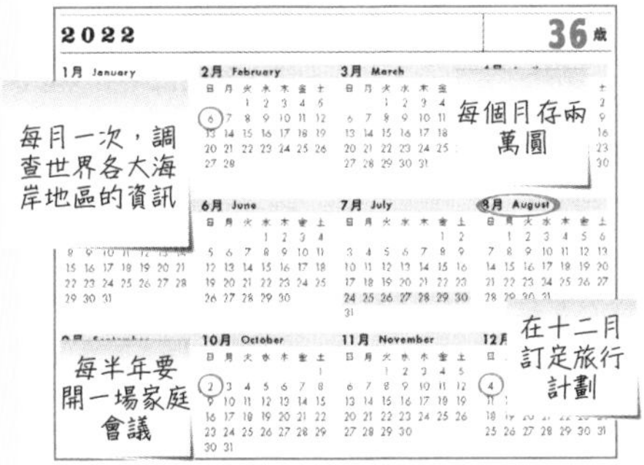

2022
36歲
每月一次，調查世界各大海岸地區的資訊
每個月存兩萬圓
每半年要開一場家庭會議
在十二月訂定旅行計劃

② 每週一次，跟女兒一起做點心

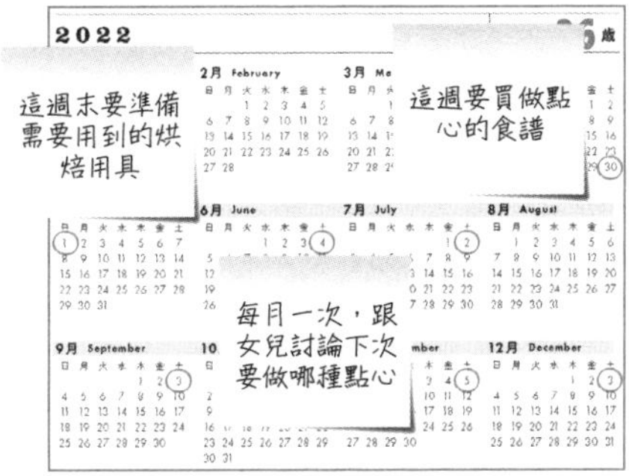

2022
這週末要準備需要用到的烘焙用具
這週要買做點心的食譜
每月一次，跟女兒討論下次要做哪種點心

記錄重點是 ①「現在起」、「明天起」、「這週起」等開始執行計畫的時間點
②「定期執行」的視角

③ 每個月一次，去看舞台劇

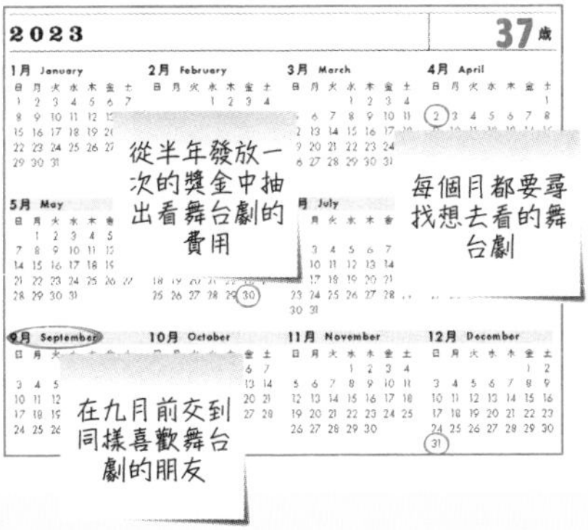

2023
37歲
從半年發放一次的獎金中抽出看舞台劇的費用
每個月都要尋找想去看的舞台劇
在九月前交到同樣喜歡舞台劇的朋友

④ 隔週一次，安排戶外活動或興趣時間

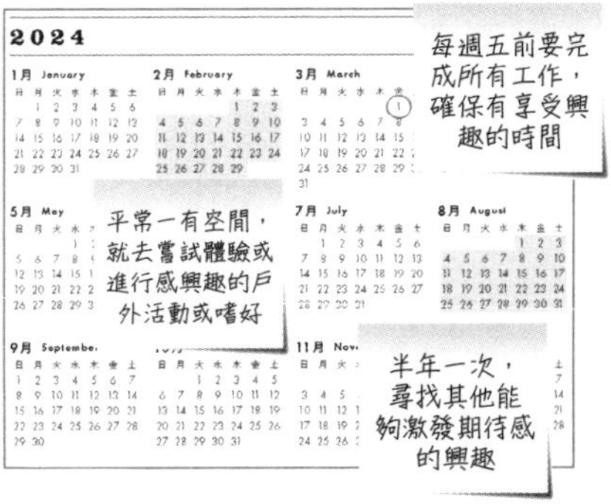

2024
每週五前要完成所有工作，確保有享受興趣的時間
平常一有空閒，就去嘗試體驗或進行感興趣的戶外活動或嗜好
半年一次，尋找其他能夠激發期待感的興趣

我們是為了得到幸福人生而活著

如果無法想像，或是不曉得該增加哪些愉快經驗的人，也可以先從自己或家人的年齡、預計將成為人生轉捩點的生日來思考。

假設現在四十五歲，再過五年就五十歲了。可能正值事業巔峰或養育子女的忙碌階段。但是，翻開預設健康壽命的最後一天，自己「真正可運用的時間」，實際上還有多少？能夠活動自如的快樂時間還有多少呢？

自從新冠疫情開始後，很多人在家的時間變長了，遠距上班的模式也讓公私之間的界線變得模糊，不小心就超時工作，或是打亂平常的生活步調。不知不覺間發生的種種狀況，讓很多人悄悄失去了屬於自己的時間。請翻開百年曆，看看上面記錄的內容吧。

活到目前為止，哪些事情曾經讓你打從心底感到快樂呢？

轉眼之間就長大的孩子，往後比起和父母相處，肯定會花更多時間在朋友、學習、工作或是創業上。能夠和子女共度的時光其實相當短暫，在孩子離開我們的羽翼之前，從今天開始，想和他們一起度過什麼樣的時光呢？

曾經有一位四十幾歲的男性，以前是某間大型綜合醫院的醫師，他輾轉調派至全國各地，持續鑽研醫術。一直以來堅持貫徹救人的偉大使命，不分晝夜長時間投入工作。

可是邁入四十歲後，他開始對這種生活模式感到疑惑。因為當他透過百年曆，以「快樂」為主軸回顧過去時，發現最令他感動的竟然不是一心奉獻的工作，而是當年和全家人旅行一整年的回憶。當時的他因為幾乎沒有休假，不僅無暇顧及家庭，長期過勞也導致精神層面不堪負荷，最後不得已申請了一年長假，和家人一起展開旅行。

他租了一輛露營車，帶著太太、孩子們踏上為期一年的隨興之旅，環遊日本各地。他驚訝發現，原來平時自己從未察覺到太太的溫柔體貼，以及小孩超乎想像的成長速度。此時，他才終於願意面對過去以為「幸福＝工作」的錯誤認知。

他發現隨著孩子長大，父親光陪伴不夠，還必須學習和他們共處。而所謂的幸福，其實不是遙遠的未來，而是這些「當下」的相處過程。自此之後，他學會轉換思維模式，增加真正令自己感到快樂的時刻。

現在就是最好的時機，盡情貪求真正令你感到快樂的事情。

我們必須用明確的話語或具體方式，讓自己達到理想中的快樂狀態。

而這，是只有自己才知道的答案。

I reject "luck" – I feel every person creates his own "determinism" by discovering his best aptitudes and following them undeviatingly.

我不相信「運氣」——
所有的人都是先找到自己的天賦，
專注邁向目標，
才得以編織出專屬的結局。

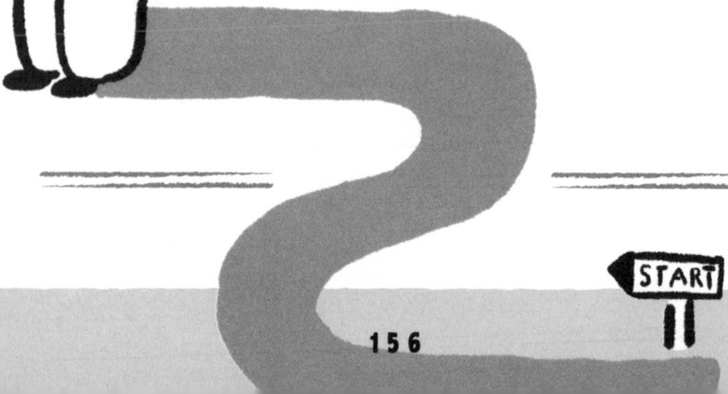
START

Step

8

將時間與金錢，投資到「理想未來」之中

在分析過快樂之後，接下來要把角度切換至曾經投入時間與金錢的事物。持續投注時間與心力在一件事上……說起來容易，實際上卻需要龐大的能量才有辦法執行。

熱情、金錢以及時間。那些曾經讓我們付出大量資源的事情，自然也會衍生出印象特別強烈的人生故事。

例如：自從懂事以後，在最愛的電動和程式編寫上投入大量時間，只要有最新的器材就會立刻想辦法入手；獨立生活之後，開始鑽研料理，購買許多調理器具，家裡堆滿大量的料理書……

你曾經熱衷於諸如此類的興趣或事物嗎？或許直到現在仍然懷抱著熱忱，想讓這些喜愛的事成為未來的生活重心，也或許熱情已經退燒，不知不覺間將時間和金錢耗費在其他事情上。

如同前述，我們必須以金錢與時間為主軸探討過往，找出曾經熱衷，願意讓我們廢寢忘食，不分日夜投注心力的事物。這個過程，對於擬定未來的人生走向非常重要。

一天只有二十四小時。時間有限，金錢也是。以為還有大把時間揮霍，實際上往往出乎意料地少。更何況我們的時間總是被各種插曲切割零碎，無法投入相同時間在所有的事情上。

名為「自己」的資源非常寶貴，該分配多少給哪些事，絕對是關乎「未來幸福」的決定性關鍵。

8-1

「曾經投入金錢與時間的事物」排行榜

1 翻開百年曆，盡可能回想曾經投入金錢和時間的事物。

2 將你投注金錢及時間的事物填入下一頁的記錄欄。

3 從②的項目中選出曾經投入金錢與時間的前三名事物。請依照花費金額或時間長度決定順位。用輕鬆、主觀的想法排名即可。
舉例來說，「這兩個都花了很多錢跟時間，不知道哪個才是第一名」……假如遇到這種難以抉擇的情況，就讓兩者並列第一，或是選擇方便進行的方式即可。

列出曾經投入金錢與時間的事物

例如：書本、電影、酒、美食、時尚、旅行、音樂……

↓

你曾投入金錢與時間的排行榜 TOP3

第一名
第二名
第三名

8-2

決定在未來人生裡想要投資的目標

1 曾經投入金錢與時間的前三名中，哪些你還想繼續投入？請在該項目上畫圈，如果想到此為止就打叉。

2 假如未來想投入金錢與時間的事物不在前三名，請另外寫在便條紙上。包含①畫圈的項目在內，全部加起來不要超過五項。如果有符合人生六大元素，也請特別記錄。

3 針對②列出的項目，打算投入多少金錢與時間？請標記從現在到未來預定持續下去日期或月份，再用螢光筆畫線，然後把②的便條紙貼在上面（若筆記太雜亂，建議更換筆的顏色，或是錯開位置）

4 在便條紙寫下想為這件事花費金錢與時間的理由，貼在③的標記線上方。

5 最後請寫下投入金錢與時間後，直到未來預定日那天「想達到的目標」，並貼在截止日旁邊。

決定未來希望投入時間與金錢的重心

❶ 第160頁的前三名項目中，想繼續執行的畫圈，想停止的就打叉。

第一名	書（○）
第二名	工作（×）
第三名	喝酒、外食（×）

建議一併參考步驟4中，
決定要增加及減少的人生元素。

❷ 請進一步思考除了上述項目外，未來想投入金錢與時間的事物。跟❶的項目加起來請勿超過五項。

看書 Input

旅行 New World

健康管理 Tool

考取證照 Input

❸ 從現在起，你願意為❷花費時間與金錢到未來的何時為止。請標記預定截止日，並用螢光筆從現在到該日期或月份之間畫一條線，再把❷的便條紙貼在標記線上。

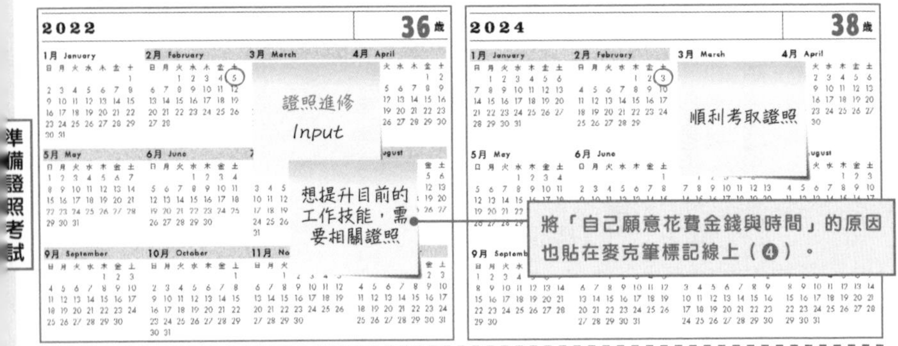
準備證照考試
2022
36歲
2024
38歲
證照進修
Input
順利考取證照
想提升目前的工作技能，需要相關證照
將「自己願意花費金錢與時間」的原因也貼在麥克筆標記線上（❹）。

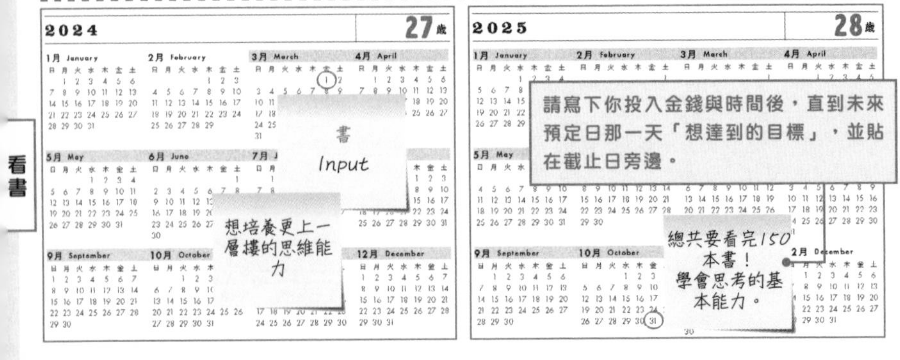
看書
2024
27歲
2025
28歲
書
Input
想培養更上一層樓的思維能力
請寫下你投入金錢與時間後，直到未來預定日那一天「想達到的目標」，並貼在截止日旁邊。
總共要看完150本書！學會思考的基本能力。

尋找潛藏在過往經歷中的更多可能性

長期在某件事情上付出時間，似乎是很理所當然、不值得一提的事。但有時候，卻會開拓出通往人生寶物的道路。

我有一位藝術家朋友，他能夠準確掌握別人的長相特徵，畫出一幅又一幅相似度驚人的肖像畫。我想分享一下他藉由百年曆挖掘出自我潛能的過程。

他年幼時因為肺病經常進出醫院。每次住院都得在左手打點滴，心情一直很煩躁。當時的他只有右手可以自由活動，所以待在醫院時唯一能做的事，就是拿著鉛筆素描。

升上國高中後，他的體力慢慢好轉，過去進出醫院的經歷令他想要成為一位強壯的人。出於這個原因，再加上他很崇拜當時住在附近的職業摔角選手，讓他下定決心去美國接受鍛鍊。

雖然懷抱職業摔角選手的夢想，但充滿語言隔閡及文化差異的國外生活並不容易。某天，當他漫無目的閒晃到購物中心時，看見一幕震撼內心的畫面。

他看到路邊有一位肖像畫藝術家，當客人從藝術家手上接過完成的肖像畫後，露出了極其燦爛的笑容。這一幕深深撼動了他的內心。

後來，他決定活用自己在痛苦難熬的住院時光中練出的素描能力，為別人帶來笑容。他放棄成為職業摔角選手的道路，改把時間花在能夠為他人帶來快樂的肖像繪畫上。

我舉這個例子並不是要表達「應該將興趣或熱衷的事當工作」，而是在我們的過往經歷中，也許潛藏著出乎意料的可能性，或是迎向未來的線索。希望大家能夠透過百年曆，挖掘出更多人生的可能性。

除此之外，也可以從另一個觀點來檢視，這些過去認為自己「需要」及「喜愛」，投入大量金錢與時間的事情，在未來是必要的嗎？

我們可能曾經為某些事物付出許多金錢與時間，但隨著所處的階段不同，現在正值為事業衝刺、或是人生轉換期的我們，還需要它們嗎？

想要改變生活與行動，就必須停止不加思索耗費的金錢與時間。如此一來，才有餘力思考或執行其他想做的事。

我們無法擁有全部，所以更應該謹慎分配名為「自己」的資源。

Once you've lived through the worst, you're never quite as vulnerable afterward.

經歷過最糟糕的情況，
你就比以前的自己
更不容易受傷。

Step 9

搬開人生路障，清除「無法原諒」的往事

「我絕對不可能原諒！」

每個人都曾有過這種經驗，「負面情緒」在我們體內刷著巨大存在感。為什麼無法原諒？為什麼放不下？為什麼會發生這種事？本步驟將把焦點放在無論再怎麼努力仍抹滅不了，「無法原諒的過去」。

有人說，無法原諒母親的所作所為。

有人說，無法走出小學時遭到霸凌的過去。

也有人說，一想起曾被迫退出甲子園大賽就火冒三丈。

事件發生時氣憤難平的激動情緒，或許已經隨著時間稍趨平緩。但即便如此，仍有許多人心中始終留著疙瘩，無法原諒那些不可饒恕的事情，不管經過十年、二十年也不曾釋懷。

長期受到忿忿不平的心情所折磨的人，是自己。越是認為「不可饒恕」，那股疼痛感就越容易對自身造成傷害。想要擺脫這種惡性循環，我們得先承認這些心魔的存在，坦承面對過去的心坎。

人總是輕易低估自己的能力，遇到可能受傷的情況時，習慣以「不可能辦到」畫地自限，躲在舒適圈裡逃避恐懼。

但是這麼做，也等於扼殺了其他的可能性。

一輩子被拘束在以前的痛苦中，不斷受到負能量折磨，以及一鼓作氣面對傷口後煥然重生，哪一種比較好？

對往事的執念與怨懟，很有可能在我們的人生某個階段中，造成無法挽回的後果。既然選擇翻開本書，代表心中依然對「改變未來」抱有期待。既然如此，不妨選一個日子下定決心，將憤恨的情緒一筆勾銷，試著活出真正自在的人生吧。

9-1

正視內心深處「不能原諒」的過往

1. 從過去發生的事件中，找出至今仍無法原諒的「事情」或是「對象」，在便條紙上寫下自己的感受。
2. 請將無法原諒的原因也加入①的內容裡。
3. 把這張便條紙貼在百年曆上發生此事的時期。
4. 用顯眼的顏色，從③發生的時期，畫一條線連接到目前年分。這是為了具體感受自己對此事的氣憤程度。
5. 是否曾經在④標記的「憤怒線」上的哪個時間點，忽然想起這段往事而氣憤不已？分析自己生氣的原因，記錄在便條紙中，貼在這條線上。

正視自己難以原諒的往事

❶❷❸ 寫下如今仍覺得「不可原諒」的事情或對象，貼在事件發生時期附近。

2000
14歲
遭到同學霸凌
討厭去學校，過得很痛苦
寫下你為何無法原諒此事的原因
2015
29歲
邀請朋友來婚禮，他卻沒有出現
感覺彼此的友情彷彿一場謊言，有種被背叛的感覺

❹ 以發生那件事的時間為起點，畫一條醒目的線連接到目前時間。

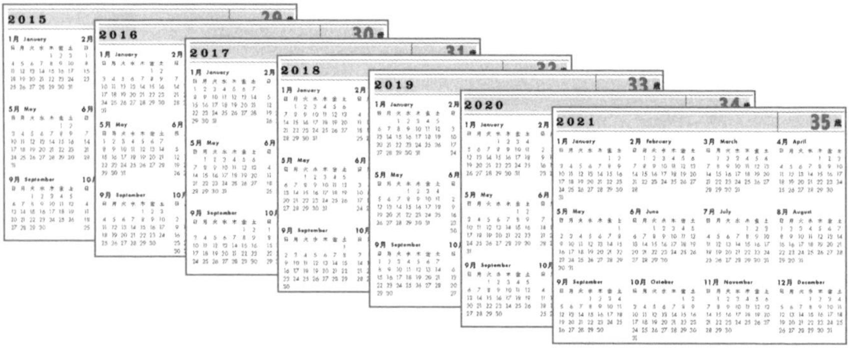
2015
2016
2017
2018
2019
2020
2021
35歲

❺ 在這條「憤怒線」上，記錄曾因同一件事又重燃怒火的時刻。

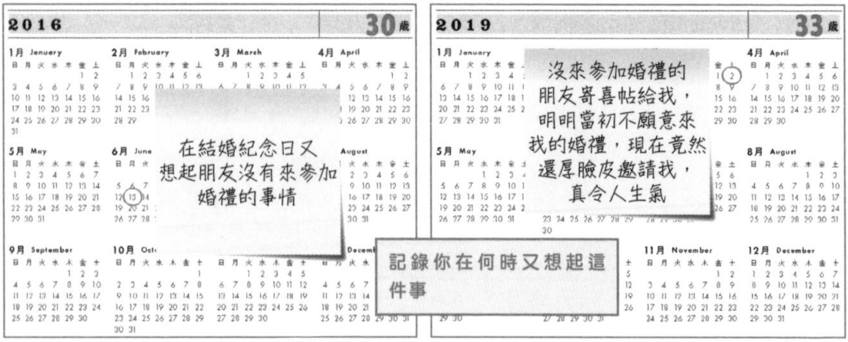
2016
30歲
在結婚紀念日又想起朋友沒有來參加婚禮的事情
記錄你在何時又想起這件事
2019
33歲
沒來參加婚禮的朋友寄喜帖給我，明明當初不願意來我的婚禮，現在竟然還厚臉皮邀請我，真令人生氣

9-2

踏出原諒的第一步，重新啟程！

截至目前為止，我們已經找出自己覺得「無法原諒」的人、事、物。接著將進一步思考，未來我們該如何處理這些情緒。

1 請看著步驟9-1的便條紙上關於「無法原諒的原因」，想一想自己內心深處是否其實想放下，又或者根本不打算釋懷。如果你有意放下那些事，請在此時此刻大聲對自己宣告「我願意原諒」。（假如覺得不可能饒恕，連想都不用想，那就順從現在的感受吧。）

2 從百年曆上的「現在時刻」到死亡那日的這段期間裡，決定一個你願意對此事釋懷的日期，並在上面標註「原諒某某事的日子」。可以一邊想像到時候自己想成為什麼樣的人，然後再決定原諒的日期。

3 若決定在期限前釋懷，思考一下「該怎麼做才能放下」？請在便條紙做記錄後貼在②標記的日期附近。

4 從③「該怎麼做才能放下」的項目中，找出現在能夠執行的三個行動，寫在便條紙上。

5 決定好執行三項行動的時間點，標記在年曆上，並把便條紙貼在旁邊。

6 完成後回頭檢視步驟9-1在百年曆上記錄的往事，如果仍無法釋懷，就再次大聲告訴自己「我願意原諒」。然後重新思考該怎麼做才能說服自己，列出預計採取的行動計畫。

做出「原諒」的決定，採取實際行動

❶❷ 從今天到死亡日的這段期間中，另外標記一個預計「原諒的日子」

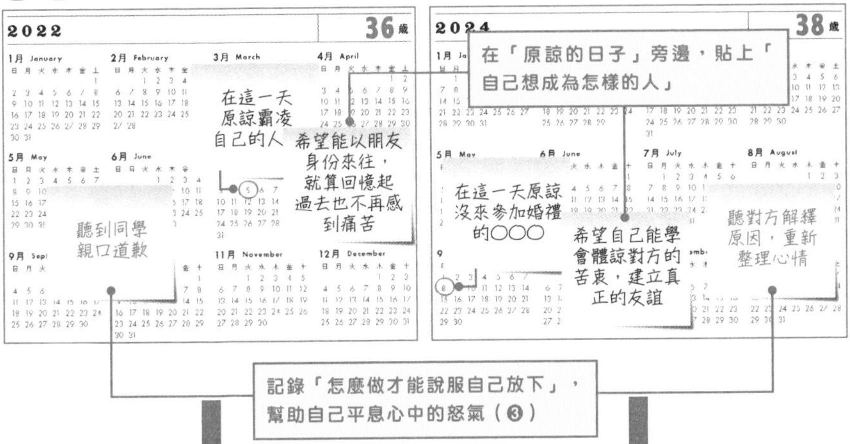
2022
36歲
在這一天原諒霸凌自己的人
希望能以朋友身份來往，就算回憶起過去也不再感到痛苦
聽到同學親口道歉
2024
38歲
在「原諒的日子」旁邊，貼上「自己想成為怎樣的人」
在這一天原諒沒來參加婚禮的○○○
希望自己能學會體諒對方的苦衷，建立真正的友誼
聽對方解釋原因，重新整理心情
記錄「怎麼做才能說服自己放下」，幫助自己平息心中的怒氣（❸）

❹❺ 從能夠幫助我們在預定「原諒的日子」裡釋懷的方法中，篩選出三項現在就能立刻執行的行動，並標註實行的時間。

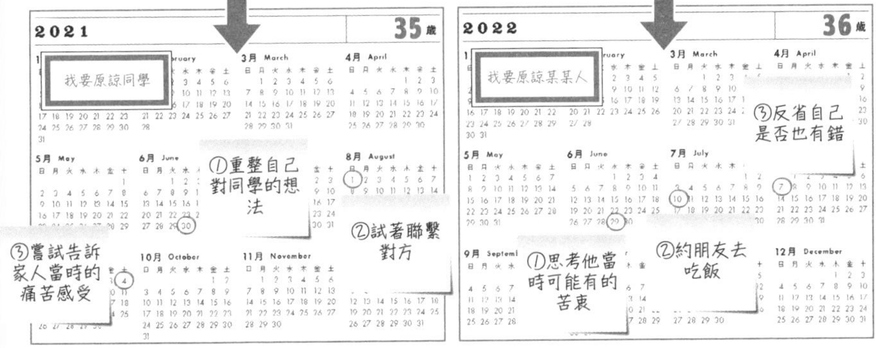
2021
35歲
我要原諒同學
①重整自己對同學的想法
②試著聯繫對方
③嘗試告訴家人當時的痛苦感受
2022
36歲
我要原諒某某人
③反省自己是否也有錯
①思考他當時可能有的苦衷
②約朋友去吃飯

想一想我們能夠做哪些事情說服自己放下、平息怒氣。
如果沒辦法立刻執行，就寫下未來能夠做的事。

改變看待事物的視角，挖掘享受人生的可能性

請問問自己，其實內心想怎麼做？

想對事件發生當時氣憤的自己說些什麼？

我們無法原諒的是哪一個部分？對什麼事耿耿於懷？其實想怎麼做？想得到什麼結果？為什麼想要這樣的結果？

不論我們最後選擇責備對方、追究責任，或是客觀剖析來龍去脈，用自己的方式面對曾經難以原諒的人事物。在這個過程中，心裡都會逐漸浮現答案。請翻開百年曆上各種回憶記錄，深入思考自己的真心話及想法。

從第九跟第十步驟中，可以得知任何事都有正反兩面的可能性。

我們無法改變已經發生的事實，重點也不在於對錯或真相，而是如何解讀它，才能帶給自己正向的活力跟能量。

每一項經驗都有其價值。這個世上幾乎沒有絕對的正確答案，所有人生經

歷象徵的意義，端看我們從哪一種觀點去解釋。極端來說，「人生並沒有全然無用的經驗」。

我們對他人產生憤怒、悲憤的情緒，是因為對方的行為舉止踩到了自己的痛處，引起情感上的波動。如果直到現在仍受到這些情緒左右，表示這些事已經影響到你的日常生活。

人生中最重要的目標，應該是實際體會「活著真好」的感覺。無論眼前發生什麼事，社會出現哪些轉變，在任何狀態下，都應該盡情享受屬於自己的人生。想達成這個目標，我們必須學習不受到憤怒與嫉妒的感受影響，學習控制情緒，學習挖掘隱藏在事情表面下的真正意義。

僅僅是改變想法，人生就會瞬間不同。站在不一樣的視角採取不同的解讀方式，就能立刻轉變我們的未來。

All the adversity I've had in my life, all my troubles and obstacles have strengthened me.

—

人生經歷過的所有逆境、
難題、障礙，
都將使我更加茁壯。

Step

10

將人生中的「懊悔」，轉化成前進的動力

你的人生有過後悔嗎？

如果說無法原諒的心情是「以他人為中心」的思考模式，那麼後悔便是「以自己為中心」所產生的感受。

為什麼當時的自己沒有咬牙撐下去？

為什麼放棄？為什麼不至少堅持一次看看？

為什麼一失敗就逃走？

為什麼那個時候沒有鼓起勇氣問清楚？為什麼不敢面對？

為什麼當時沒辦法原諒那個人？

我們的腦中一定能想到許許多多後悔的過往。

在前面提到的「無法原諒的人事物」中，也有一些會轉變成懊悔的情緒或是痛苦的罪惡感，在事後無止盡折磨自己。

這個步驟不是為了在傷口上撒鹽，而是企圖從過往帶來分歧或轉折的事物中，找到重新開始的開關。已經發生的事情不會改變，但這些悔恨的經驗，卻能讓前往未來的通道更加明朗。

下定決心改變吧！

放下心中懸而未決的大石，才能邁向自在的嶄新未來。

10-1

列舉曾經發生過的「懊悔經歷」

現在要從過往的事件中，找出如今「仍然感到後悔的事」。

1 請在便條紙上記錄「後悔的往事」，並貼在年曆上該事件的時間點附近。

2 從客觀角度回想往事，在便條紙裡寫下現在的想法，貼在①的旁邊。

3 接著問自己下列三項問題：

- 當時怎麼做才不會感到後悔？
- 現在會對當時的自己說什麼？
- 會給當時的自己什麼建議？

正視讓自己後悔不已的往事

❶❷ 出生至今發生的事情中，有沒有如今「仍然後悔的事」？連同現在的感受一併寫入便條紙，貼在該事件發生的時期。

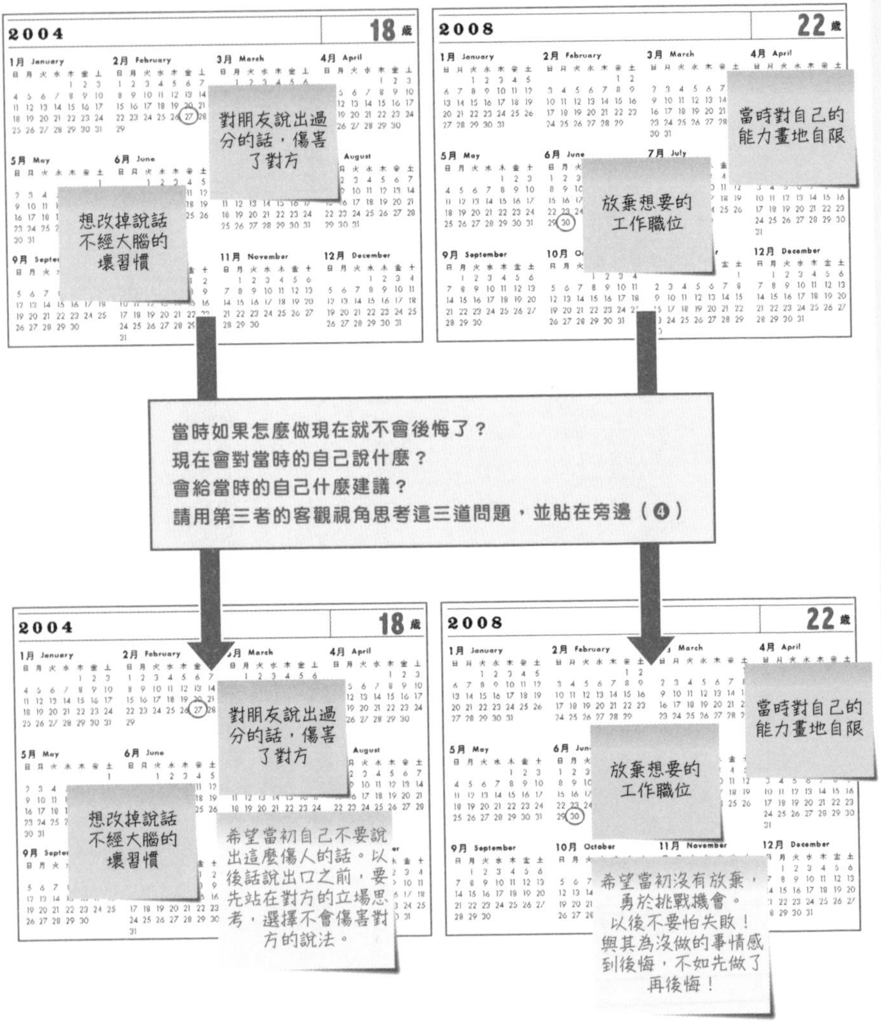
2004
18歲
對朋友說出過分的話，傷害了對方
想改掉說話不經大腦的壞習慣
2008
22歲
當時對自己的能力畫地自限
放棄想要的工作職位
當時如果怎麼做現在就不會後悔了？
現在會對當時的自己說什麼？
會給當時的自己什麼建議？
請用第三者的客觀視角思考這三道問題，並貼在旁邊（❹）
希望當初自己不要說出這麼傷人的話。以後話說出口之前，要先站在對方的立場思考，選擇不會傷害對方的說法。
希望當初沒有放棄，勇於挑戰機會。以後不要怕失敗！與其為沒做的事情感到後悔，不如先做了再後悔！

有過後悔的人，更知道怎麼往前邁進

每個人的人生中，或多或少都曾經有過後悔的事。就算在口頭上宣稱從來不曾後悔的人，也只是沒有察覺自己的心情，或是試圖催眠自己罷了。

事情發生時，實際上是什麼情況？

事到如今，對此事有什麼看法？

我們要與過去的自己比較，從後悔的往事中深入挖掘出事物的本質。

動手記錄就是自我改革的一小步。光只是在腦中思考對人生沒有幫助，不管是多微小的事情都要付諸實際行動，這樣才叫「改變」。

想做卻沒做的事、過去沒有實現，現在仍然牽掛的夢想、以前曾經放棄的大好機會……把諸如此類的後悔經歷寫進百年曆上的未來時間，採取和過去不同的行動，這個小小的舉動，就是通往理想未來的一大步。

10-2

從悔恨中蛻變，打造更加理想的自己

重新檢視過往的「後悔」事件，了解自己內心的想法之後，接下來的這個步驟，則是要學會應用這些後悔的經歷，逐步成為「更理想的自己」。

1 請翻開步驟10-1做的紀錄。在便條紙上寫下未來的規畫。為了避免重蹈覆轍，請認真思考自己「想成為一個怎樣的人」。

2 打算在什麼時候成為①的自己？請從現在到人生最後一日的這段時光裡，選出「成為理想自己」的日子。

3 從②「成為理想自己」的那一天逆推回來，把為了變成①「理想自己」所需要執行的行動分成數個步驟，分別記錄於便條紙上。

4 在年曆上標記執行③的時間點，把便條紙貼在旁邊。

❶❷ 未來要成為什麼樣的人、達成什麼目標，才不會感到後悔？寫到便條紙上，並在年曆上標記出預計達成的日期。

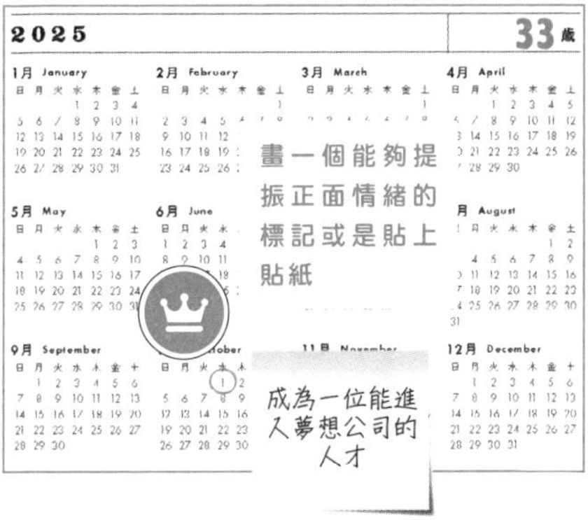
2025
33歲
畫一個能夠提振正面情緒的標記或是貼上貼紙
成為一位能進入夢想公司的人才

目標成為一位能進入夢想公司的人才

從標記的日期回推，思考要達到理想應該做出哪些行動，標出打算執行的時期（❸❹）

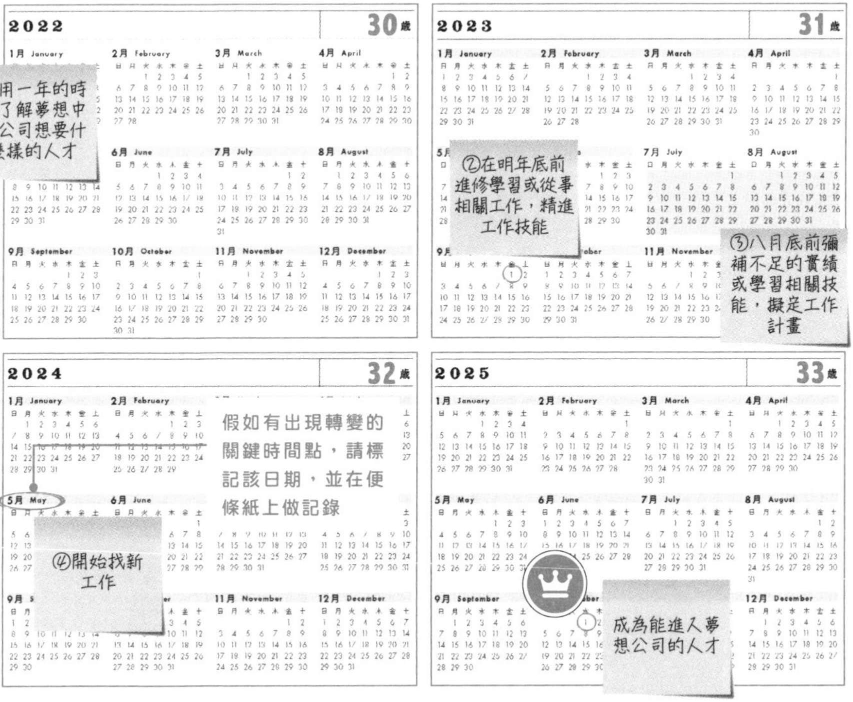
2022
30歲
①用一年的時間了解夢想中的公司想要什麼樣的人才
2023
31歲
②在明年底前進修學習或從事相關工作，精進工作技能
③八月底前彌補不足的實績或學習相關技能，擬定工作計畫
2024
32歲
假如有出現轉變的關鍵時間點，請標記該日期，並在便條紙上做記錄
④開始找新工作
2025
33歲
成為能進入夢想公司的人才

The way to get started is to quit talking and begin doing.

要開始做一件事情，
就停止光說不練，
投入實際行動。

Step 11

透過「具體行動」提升幸福感

迪士尼電影有幾個特徵，其中最具代表性的，就是一定會有幸福結局。華特迪士尼試圖透過電影傳達，無論來自什麼環境，心中懷抱的夢想與希望，都比任何事物來得彌足珍貴。

不過，所謂的幸福真的是「Happy Ending」嗎？

判斷這齣名為「人生」的故事結局好壞的人，並不是自己，而是旁觀的第三者。以看電影的情況來說，就是觀眾。換句話說，我們不會知道自己的人生算不算得上Happy Ending。

既然如此，為什麼還要不斷追求「幸福」呢？其實，我們想要的並不是幸福結局，而是存在於這一路以來的過程之中，「當下」覺得自己正朝著幸福邁進的心理狀態。換言之，行動本身就代表著「幸福＝Happiness」。

宣告「我要過這樣的人生」，然後付諸行動

這本書的內容也漸漸步入尾聲了。

前面我們透過許多步驟，以各種往事作為切入點回顧過去，進而導引出未來的走向。在自己從現在到死亡那天的可運用時間裡，訂定各種行動計畫與執行的時間點。

既然已擬定好計畫，那就開始行動吧！

如同前面所說，透過持續性的行動，才能讓我們感受到幸福。與其光說不練，持之以恆實踐計畫更能獲得成長。在為了成為「想成為的人」而付諸行動的過程中，我們也會找到「理想生活」的解答，逐步建構出夢想中的未來。

現在，請以人生六大元素的分類，重新檢視我們目前記錄在百年曆上，將來要實現的各種目標與行動計畫。

1 Output（事業）

2 Mother Earth（家庭、人際關係）
3 Belongings（金錢、物質）
4 Tool（健康）
5 Input（學習、進修、證照）
6 New World（興趣）

在你目前的目標中，哪些元素佔據比較多的比例？

以預定執行的行動計畫來繪製六大元素圖，分析我們從「此時此地」開始將擁有的未來。透過日積月累的行動，翻轉出與至今截然不同的結果，打造具體的「理想人生」。

換句話說，這張人生元素圖等於是在對自己宣告：「從現在起，我要過這樣的生活」。

11-1

繪製「理想生活」的人生六大元素圖

我們在第105頁曾經針對過去及現在的生活及時間運用方式，以六種人生元素為切入點分配比例，並繪製成圓餅圖。

現在請翻開百年曆，觀察我們先前透過各步驟分析、列舉出的往事、感受，以及未來預定要實施的行動，分別在六大元素中佔據多少比例？

1 目前在百年曆上列舉的未來計畫中，哪幾項元素佔據最多及最少的比例？不需要非常精準的比例數據。

2 以①的比例為標準，繪製六大元素圓餅圖。就算六種元素的比重極端失衡，或缺乏某些項目都無所謂。

3 圖中的六大元素比例，即是你對往後生活重視的優先順序。

統整活出「理想生活」的六大元素

❶ 以六大元素為主軸，重新分析截至目前為止預定執行的未來計畫，把追求的生活目標具體化。

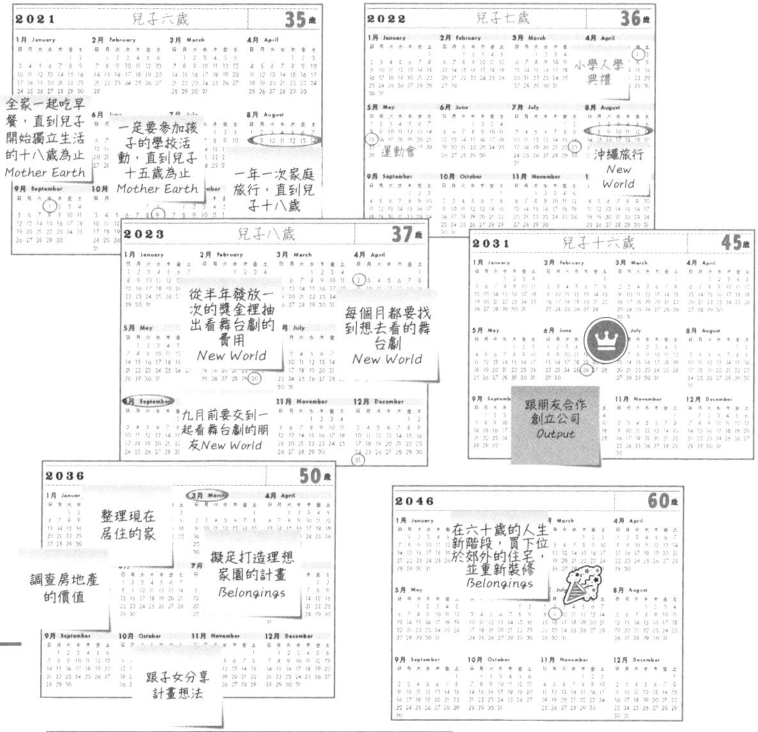
2021 兒子六歲 35歲
全家一起吃早餐，直到兒子開始獨立生活的十八歲為止 Mother Earth
一定要參加孩子的學校活動，直到兒子十五歲為止 Mother Earth
一年一次家庭旅行，直到兒子十八歲
2022 兒子七歲 36歲
小學入學典禮
運動會
沖繩旅行 New World
2023 兒子八歲 37歲
從半年發放一次的獎金裡抽出看舞台劇的費用 New World
每個月都要找到想去看的舞台劇 New World
九月前要交到一起看舞台劇的朋友New World
2031 兒子十六歲 45歲
跟朋友合作創立公司 Output
2036 50歲
整理現在居住的家
調查房地產的價值
擬定打造理想家園的計畫 Belongings
跟子女分享計畫想法
2046 60歲
在六十歲的人生新階段，買下位於郊外的住宅，並重新裝修 Belongings

回顧年曆上有關未來「可運用時間」的各種筆記，粗略估算六大元素的比例（❷）

①Output → 1
②Mother Earth → 3
③Belongings → 3
④Tool → 0
⑤Input → 0.5
⑥New World → 2.5

完成「理想生活」的元素比例圖（❸

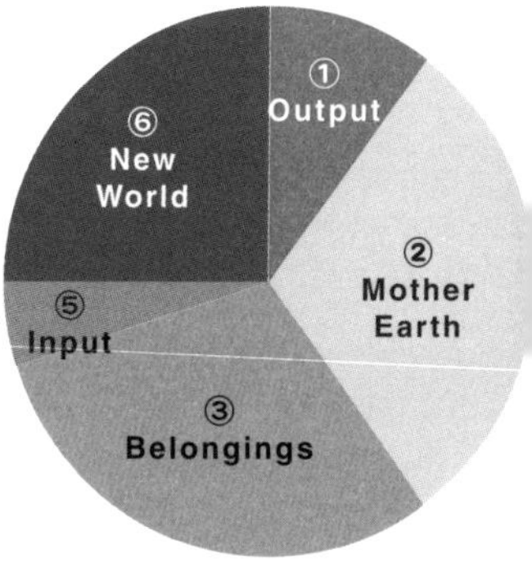
① Output
② Mother Earth
③ Belongings
⑤ Input
⑥ New World

打造「理想生活」的元素比例圖

參考前頁的範例，將未來的人生大致分割為六大元素，繪製成比例圖，確定從「此時此地」起，要把時間花在哪些事情上。

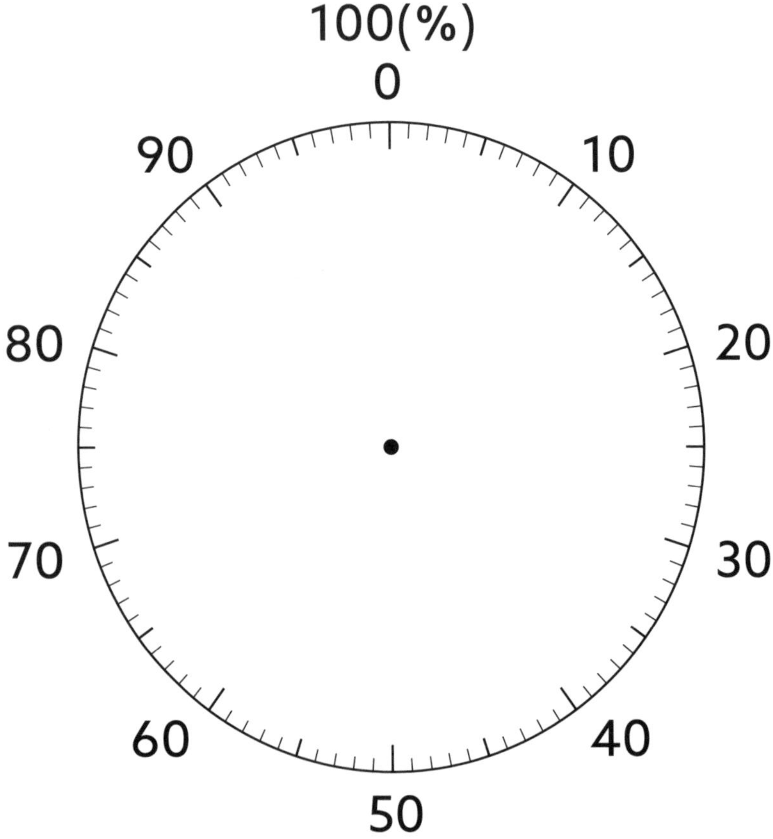
100(%)
0
10
20
30
40
50
60
70
80
90

確認從「此時此地」開始，要將時間運用在哪裡

將未來行動的元素比例圖，對照第105頁從過去到現在的元素比例圖。

過去到現在的元素圖中，表現的是至今已經流逝的時光裡，我們在自己認同的事情上所分配的人生資源。這些都是已付出的時間心力，無法再變動。

另一方面，未來的元素圖則是借鏡過去時間分配的經驗，採取符合我們當下想法的時間運用方式。對照以往經驗，試著在未來用這個比例結構分配寶貴的時間。

這張圖可說是以「我要過這種生活」、「我要這樣運用時間」、「我有必要這麼做」的想法為前提來控管時間，因此不需要猶豫，照著這個比例運用時間吧！

另外，請依照下面四個檢視要點，針對過去到現在的元素圖中想增減的元素項目，並進一步考慮是否有需要加強的行動計畫。而這一切最重要的關鍵，在於我們能夠持之以恆執行多久。

檢視想增減的元素中，預定執行的行動項目

分析行動的四大檢視要點

檢視要點	問題
增加次數	在想要加強比例的元素中，打算增加哪些行動計畫的次數？
	哪些行動提高執行頻率後會比較有效果？
	原本預訂在一兩年後執行的計畫裡，有沒有能在一個月內開始做的事？
減少次數	在所有想要降低比例的元素當中，哪些是最想減少的項目？
	預定在一個月內，如今天或明天執行的行動裡，有沒有頻率過高的項目？
	有沒有適合改變做法的項目？
停止該行動	重新檢視「曾經厭惡」的經歷時，確認自己是否在無意間採取某些不想要的未來計畫？
	有沒有哪些項目的行動雖然過去常發生，卻未列在未來的元素分配圖中？
	請再次檢查，是否有哪些行動計畫對於成為理想的自己並無幫助？
執行從未想過的新計畫	圓餅圖上有哪一項特別想加強比例的元素？
	最近一個月，有什麼感興趣或喜歡的事物？
	目前並未著重計畫的元素裡，有沒有想要嘗試看看的行動？

The greatest moments in life are not concerned with selfish achievements but rather with the things we do for the people we love and esteem, and whose respect we need.

人生最美好的瞬間，
不是達成個人成就之時，
而是為了所愛的人、
尊重及尊敬自己的對象，
達成某些事情的時刻。

Step

12

設定銜接幸福未來的「身分定位」

這是最後一個步驟了。

我們照著前面的步驟流程，一步一步安排未來的計畫，並在前一個步驟再次回顧檢視，確認未來預定達成的理想生活方式，與自己立下約定。

重新回顧一遍人生百年曆，上面記錄著我們下定決心要擁有的未來生活模式、人生至今為止的所作所為、學會的知識技能、從過往經驗中得到的教訓等等。請在這些內容上結合他人或社會的觀點，找到獨屬自己的未來人生路。

換句話說，就是學習思索「未來想以什麼身分過日子」。

對於這個社會也好，身邊的人也好，我們能夠提供什麼幫助？亦或是為哪些事付出金錢與時間？這些種種，都關乎著我們在未來想當一個怎樣的人。

我們不需要勉強自己正面思考，但這些問題的最終目的，都是要找出前進的動能與力量，開創符合自己理想的未來生活。

將「人生轉折」×「實績」的視角轉換

每個人在過去，都曾經面臨好幾次「轉折」。這點在經過前面分析各主題的步驟時，想必已經有深刻的感受。

在人生起點的出生日所發生的事、曾經是生活重心的據點與歸屬團體、帶來轉變的人生大事、心中嚮往的人事物、新生命降生與對生命的歡欣鼓舞、曾經投注時間與金錢的事情、擱在內心的負面情感……這些都是人生的「轉折」，每一件事的背後都具有其存在的意義。

接下來，我們將透過百年曆記錄的人生元素，重新了解至今為止的旅程裡，我們經歷漫長時間持續收穫的實力與成績。

雖然很多是平常不太留意，或是他人不會給予評價的事情，但能夠評斷自身實力與成績的人，終究只有自己。

請暫且將「沒有自信辦到」或是「不知道自己有沒有被需要的價值」等不安和懷疑擱置一邊。即便沒有明確的根據或理由，只是抱持著「也許有這個可能」的想法也沒有關係，最重要的是必須自己進行判斷。

以人生中的「轉折」及持續累積至今的「實績」為基礎，我們現在擁有哪些事物能夠帶給身邊的人快樂？不要將對象鎖定在和自己關係遙遠，或是商業上的廣義範圍，先就近以周圍的人來思考即可。

一般來說，「只為自己而活」並不會幸福，替自己以外的人付出行動，反而更能夠實際體會到幸福感受。

我們能夠利用至今的人生經驗，為周遭的人做些什麼呢？

舉例來說，有一位企業家在美容業界打著「女性之美」的口號販售商品，卻一心只關心如何壓低產品的成本，私下開著進口的高級敞篷車。但自從他的孩子出生，他開始對人生產生一些疑問，希望能將地球的美完整傳承給下一世代。換言之，兒子的出世就是他人生中最大的「轉折」。

如果繼續採用原本的製程破壞環境，就無法將地球之美傳承下去。有感於此，他重新在事業中加入自己對商品價值、製造方式、商品生命週期的新想法。就在這時，他有緣認識一名深入耕耘柬埔寨地區發展，大量僱用當地人，在當地將染織事業從種子種植到製作生產一條龍化的日本企業家，這又是他人生中的另一個「轉折」。由自己創造出的事業成就，再加上好幾段「轉折」帶來的影響，為他開拓出寬闊的人生大道。現在的他已經成為永續發展的代表企業家之一，持續在業界發光發熱。

再舉我另一位朋友當例子。她在美國當街頭藝人，表演日本傳統的捏糖技藝。她人生的轉折點是遇到引她入行的捏糖師傅，以及二〇〇一年九月十一日美國遭遇的多起恐攻事件。

當時美國陷入經濟危機，身為外國人的她成為第一波被裁員的對象。遭到解僱後，她看清過去從未察覺的各種歧視，開始懷疑自身的存在價值，在煩惱和壓力之下，身體逐漸出現狀況。

不過與此同時，當她再次回顧以前的時光，她也發現自己得到許多粉絲的支持，回想起那些為她的作品感到歡喜的每一段緣分與客人的表情。

她重新認知自己的工作不單只是「提供捏糖商品」，而是「透過捏糖的技藝，為人們創造夢想與快樂」。因為想起過去和許多粉絲互動的回憶，最後才能夠克服「人生轉折」，重拾自信，相信自己的實力必會帶來豐碩成果。現在的她再次隻身闖蕩世界第一娛樂大城紐約，充滿活力地為夢想奮鬥。

世界上必定有人需要我們能夠提供的事物。

也許我們自認為沒什麼大不了，但是請試著去感受隱藏在過去眾多經驗、技藝、成果之中的可能性，一定有需要的人在等待自己的出現。

所以儘管觀摩他人，向別人學習不是一件壞事，但請停止追隨他人的行為，試著跟自己對話，踏出第一步吧。

現在請翻開人生百年曆，尋找有關「自己是怎樣一個人」的線索，將點跟點連結起來。有可能不會立即發現關聯性，或是看不出個所以然，但即便只是透過這種由點連成線的視角去看世界，看待事物的想法也會出現大幅改變。

透過本書的分析，逐漸坦率面對心中的真實想法之後，我們對於真正的好惡、人生所求之物的感受，肯定會變得更加敏銳。以此為線索，進一步摸索出長時間以後，我們想成為怎樣的人，為別人或社會提供什麼貢獻的答案。

接著就是持續採取具體行動，成為真正能夠提供貢獻的人。我們所做的事賺不賺錢？人生算不算成功？這些都不完全是我們能決定的事情。

但當我們察覺自己的存在意義，為眼前的人提供自己的價值時，即使只是短短的一瞬間，即使只是微不足道的小事，也能夠因為看見面前因自己而感到快樂的人，心中萌生自信與尊嚴。

為身邊的人付出存在價值，就是我們的生命意義。

我想成為什麼樣的人？

將至今為止的「點」連結起來，
找出自己能提供的事物。

- 人生經歷的所有事情
- 自己的成就實績
- 想帶給誰快樂
- 以「理想生活」的元素圖，思考「未來想成為什麼樣的人」

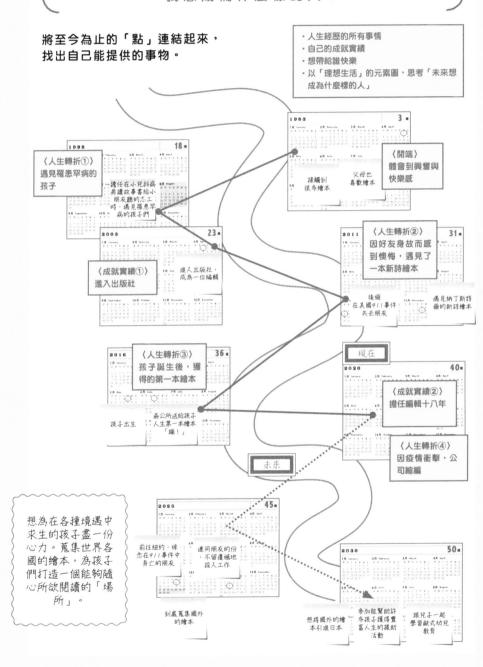

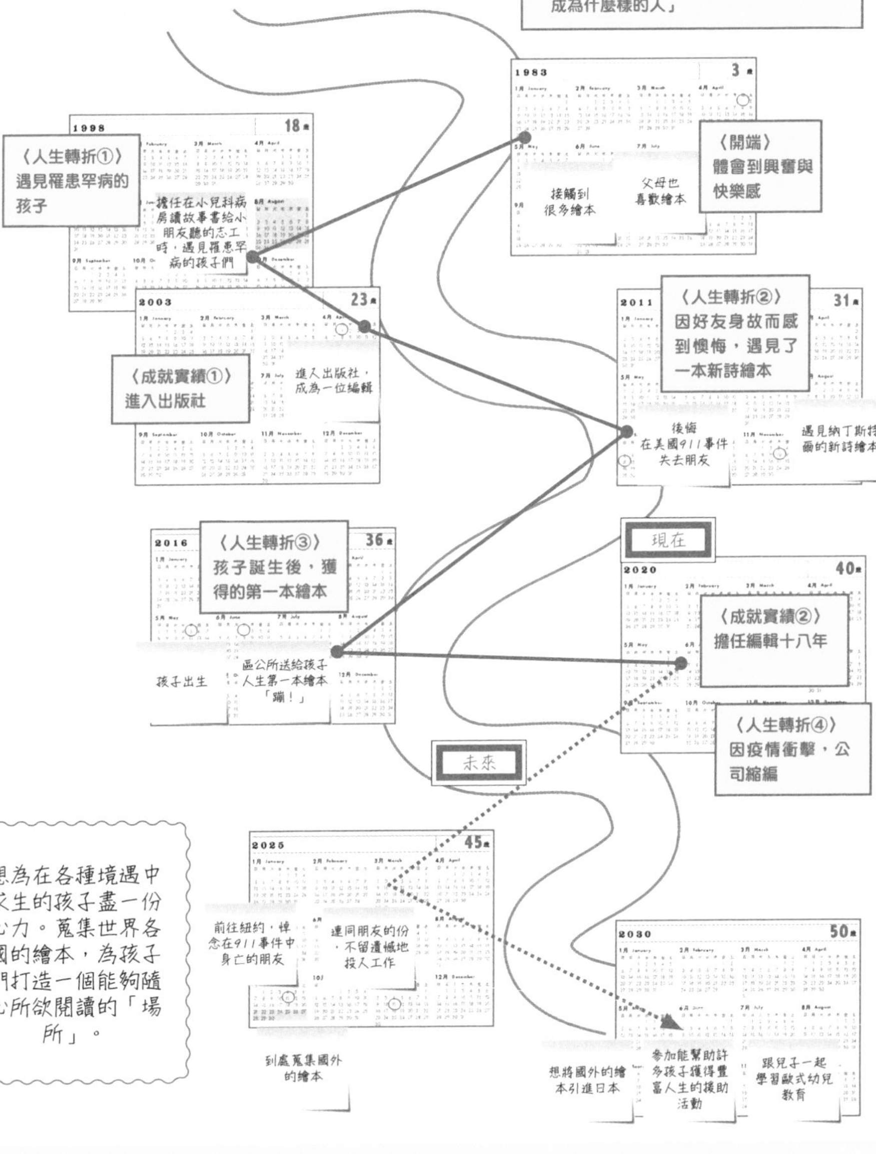

1983 3歲
〈開端〉
體會到興奮與快樂感
接觸到很多繪本
父母也喜歡繪本
1998 18歲
〈人生轉折①〉
遇見罹患罕病的孩子
擔任在小兒科病房讀故事書給小朋友聽的志工時，遇見罹患罕病的孩子們
2003 23歲
〈成就實績①〉
進入出版社
進入出版社，成為一位編輯
2011 31歲
〈人生轉折②〉
因好友身故而感到懊悔，遇見了一本新詩繪本
後悔在美國911事件失去朋友
遇見納丁斯特爾的新詩繪本
2016 36歲
〈人生轉折③〉
孩子誕生後，獲得的第一本繪本
孩子出生
區公所送給孩子人生第一本繪本「蹦！」
現在
2020 40歲
〈成就實績②〉
擔任編輯十八年
〈人生轉折④〉
因疫情衝擊，公司縮編
未來
2025 45歲
前往紐約，悼念在911事件中身亡的朋友
連同朋友的份，不留遺憾地投入工作
到處蒐集國外的繪本
2030 50歲
想將國外的繪本引進日本
參加能幫助許多孩子獲得豐富人生的援助活動
跟兒子一起學習歐式幼兒教育

想為在各種境遇中求生的孩子盡一份心力。蒐集世界各國的繪本，為孩子們打造一個能夠隨心所欲閱讀的「場所」。

即刻就能夠改變未來

最近我都會定期到全國各地的監獄進行演講。曾經有一位受刑人聽過我的演講後，回饋感想給我。他表現出積極與努力的話語，令我感到無比歡喜，最後甚至還獻花給我，我感動到與他握手後才離開現場。

但是，後來負責看守及輔導受刑人的監獄官卻告誡我：「今後絕對不能再與受刑人接觸，也不能交談。」他對我說，獄中的受刑人都是因為過去曾犯罪才會被收容在監獄。因此，每一天都有可能發生任何事情。為了避免發生意外，他們才會日日對受刑人進行輔導。監獄官的指正合情合理，我也深刻反省自己的思慮不周。

不過現在回想起來，那位受刑人用強而有力的言語敘述希望時，眼神中沒有絲毫作假，我的確從中感受到「他將從此努力生活」的力量。

我之所以選擇到全國各地的監獄演講，正是因為那裡有著「最把握當下，為未來努力的人們」。

他們是因為過去的所做所為，現在才會身處於行動受限、無法自由活動的囹圄。關於他們過去所犯的罪行，我也無從知曉。可是，就如同我們能夠透過本書的提問或百年曆的紀錄，從過去的人生故事中找到新的觀點一樣，即使過去無法改變，我們仍然可以改變看待過往經歷的方法。

最重要的是「當下」。雖然必須反省以前犯下的過錯，但無論如何，更重要的仍是此時此地。現在開始採取的行動，日積月累後就可以改變未來。

即刻就能改變未來。
今天就能改變未來。

本書附錄的兩百年年曆，就是為了讓大家可以標記出自己從零歲到一百歲的「區間」，用遊戲的方式學習思索生命的意義。

而我提筆書寫本書的契機，是二〇一六年透過朋友介紹，去拜訪一位經營者所牽起的「緣分」。當我踏進經營者的辦公室時，第一眼便看到正面牆壁上貼著約為報紙攤開大小的年曆。那是能夠一眼看透百年時光，名為「從出生年算起的百年曆」的特別商品。我對此深受感動，隨即去拜訪製作及販售此商品的FROMPAGE公司董事長森兼勝志先生，向他請教設計理念。

森兼先生親切告訴我，百年曆最初其實只是他嘗試做來感謝與祝福自己雙親的商品，結果員工們都認為這個商品很有意思。

FROMPAGE公司對於本書的出版也提供許多支持，讓我們能夠參考旗下販售的「從出生年算起的百年曆」製作附錄，讓讀者可以隨手貼在牆壁或白板上，更方便總覽，我非常推薦大家徹底實踐一次看看。

FROMPAGE股份有限公司「從出生年算起的百年曆」

http://my100years.jp/

另外，本書中透過「百年曆」學習改變現在的行為模式，進而轉變未來的內容，也是我在自己擔任公司代表的「日本Life is a Journey協會」主辦的研修課中實際教授的課程。在課程中，我會親自帶領學生思考現在或未來的生活方式，以及回顧過往的觀點。這個課程在日本全國八個地方都有機會參與，甚至取得證照，利用「百年曆」來協助更多人創造未來。之所以將課程內容轉化為書，也是期許本書能夠幫助更多人在實際生活中更深入了解自己。

日本Life is a Journey協會
https://nippon-liaj.org

最後，我要向Discover的大山聰子小姐、谷中卓先生致上由衷的感謝，謝謝他們在我把課程書籍化的過程中鼎力相助。還有這次協助我更深入研究華特迪士尼人生哲學的齋藤惠理子小姐，以及在我的事業活動與人生中給予協助的眾多朋友、團隊成員、家人，其中我更要再次感謝賜給我僅此一回的人生，這段寶貴生命時光的雙親——大住惇及大住篤夫婦。

來吧，各位讀者！我們都還在旅程的路途上。

無論我們現在幾歲，旅程都還沒有結束。

未來肯定還會遇到許多事情，但是不管發生什麼事，都要好好享受這趟旅程，去感受各種風景、聲音、香味，感受僅此一回的生命之旅。我現在也在沖繩享受著生命旅程。

希望我們能在各自的旅途中有緣相遇，謝謝各位讀者閱讀本書。

1930～2129年
人生百年曆

從0歲到生命
最後一天，
打造自己專屬的
人生百年曆。

《100年人生規劃曆》
附錄特典下載

本書除了附贈1930～2129年的百年曆海報，
只要掃描右側QRCode填寫基本資料，
也能夠同步獲得單張PDF電子檔案。
可以自行從自己的出生年開始列印出來，
貼在牆上、夾在書中或是裝訂成冊，
以您喜歡的方式，
展開與自己的深度對談。

請掃描右側QRCode下載

台灣廣廈國際出版集團
Taiwan Mansion International Group

國家圖書館出版品預行編目（CIP）資料

100年人生規劃曆：從出生日算出「人生時鐘」，編排未來可用時間，活出自己想要的生命亮度/大住力著；鍾雅茜譯. -- 初版. -- 新北市：財經傳訊出版社, 2022.02
面； 公分
ISBN 978-626-95601-7-2（平裝）

1.CST: 修身 2.CST: 生活指導

192.1　　111001196

財經傳訊
TIME & MONEY

100年人生規劃曆

從出生日算出「人生時鐘」，編排未來可用時間，活出自己想要的生命亮度

作　　者／大住力
翻　　譯／鍾雅茜
編輯中心編輯長／張秀環・**編輯**／蔡沐晨
封面設計／張家綺・**內頁排版**／菩薩蠻數位文化有限公司
製版・印刷・裝訂／東豪・弼聖・紘億・明和

行企研發中心總監／陳冠蒨
媒體公關組／陳柔彣
綜合業務組／何欣穎
線上學習中心總監／陳冠蒨
產品企製組／黃雅鈴

發 行 人／江媛珍
法律顧問／第一國際法律事務所 余淑杏律師・北辰著作權事務所 蕭雄淋律師
出　　版／財經傳訊
發　　行／台灣廣廈有聲圖書有限公司
地址：新北市235中和區中山路二段359巷7號2樓
電話：（886）2-2225-5777・傳真：（886）2-2225-8052

代理印務・全球總經銷／知遠文化事業有限公司
地址：新北市222深坑區北深路三段155巷25號5樓
電話：（886）2-2664-8800・傳真：（886）2-2664-8801
郵政劃撥／劃撥帳號：18836722
劃撥戶名：知遠文化事業有限公司（※單次購書金額未達1000元，請另付70元郵資。）

■出版日期：2022年02月
ISBN：978-626-95601-7-2